"认识中国·了解中国"书系

"十三五"国家重点出版物出版规划项目

中国的持续快速增长之道

[巴基] 马和励(Khalid Malik) 著

黄贺 邵帅 译

Why Has China Grown So Fast for So Long

中国人民大学出版社

·北京·

译者前言

要全面、深入地了解和分析中国的发展和发展中的中国并非易事。在众多国外观察者中，本书的作者马和励（Khalid Malik）先生是一位相当特殊的人物。一方面，他出身巴基斯坦这样一个发展中国家，这就意味着他并不像许多西方国家的所谓“中国通”那样戴着有色眼镜、以一种高高在上的态度对中国的发展模式评头论足、指点是非，而是对中国自改革开放以来长期、持续、快速的惊人发展势头抱有一种惊叹之余的好奇心，似乎想一探究竟，看看中国是如何基于自身的探索，走上一条同西方国家经济发展道路迥然有别、更加适合自己国情的道路的。另一方面，马和励先生曾长期在中国担任联合国驻华高级官员，这让他能够亲自接触中国，零距离体验中国的快速发展和社会变迁，因而他对中国的认知和理解并不只停留在纸堆里的想象中。同时，他的工作让他得以同中国的领导层、各级政府和社会各界人士密切往来和交流，这使他便于从宏观上掌握中国的经济和社会形势，尤其对于公权力和公共政策在中国发展中所起到的作用有着切身的感受。此外，马和励本人具有较高的理论素养和学术功底，是一位在经济学领域颇有造诣的学者型官员。这些都使他在本书中对于中国发展模式和道路的讨论有着不少真知灼见。

本书从发展经济学的视角来解读中国的高速发展，认为中国的发展秘诀在于经历了一种“转型式发展”，即中国的发展是在政府的主导和推动下，经济和社会各个领域的机制、体制发生变革或转型，从而调动和刺激各种因素发挥作用，不断地解放和提高生产力，最大程度地推动经济发展。在马和励先生看来，中国的改革是沿着“政策—体制—能力”的链条伸展开来的，即政府出台政策变革体制，而体制的变革使社会能力得以提升，而能力的提升让生产力提高、经济快速发展。同时，经济发展反过来带动了国家能力的提高，这又为政府酝酿下一轮的变革创造了空间。这就形成了一种良性循环，使中国经济实现了长期、持续的高速增长。马和励先生的这一解读中国发展模式的思路有其独到、精当之处，能给人以很大的启发。比如，他认为改革开放后中国的高速发展离不开改革开放前中国所积累的社会能力和人力资本优势，尤其和中国在教育和卫生领域的长足进步息息相关，因此中国的发展在改革开放前后是一个连贯的过程，不能把改革开放前后中国的发展割裂开来。

然而在了解本书思想价值的同时也应看到，本书对于中国发展模式的解读也存在着一定的局限性。比如，作者所掌握和用以支撑其观点的数据比较陈旧，甚至在某些地方也有失准确，这就让其观点的可信度打了折扣。另外，毕竟作者是一位中国发展的外部观察者，他对中国社会的阐述难免给人一种隔靴搔痒之感，有时也可能会让中国读者感到失之偏颇。尽管如此，仍不能否认马和励先生对中国持有的极大善意，对理解中国发展所抱有的学术热忱。若能以一种批判的眼光和包容的心态阅读本书，相信您必定会有所收获！

序　言

马和励先生是巴基斯坦经济学家，长期在联合国开发计划署工作，在发展领域有丰富的经验。他一直关注中国经济，特别是2003—2009年作为联合国驻华协调代表和联合国开发计划署代表在中国工作期间，对中国经济进行长达六年的近距离观察和深入研究，也经常参与关于中国经济问题的讨论。这本《中国的持续快速增长之道》是他离任后所写的总结性著作。马和励先生自己所写的引言，详细向读者交代了研究中国经济问题的经历和感受，非常精彩，是一篇可以独立存在的好文章。读者自可阅读，不必由我赘言。

中国的经济改革和高速增长，无疑是具有世界影响的重大事件，引起广泛关注在情理之中。人们以不同的立场，从不同的角度，用不同的方法，进行这样或者那样的解读，得出不同甚至截然相反的结论，也是很自然的。在令人目不暇接的此类著作中，马和励先生这本书是富有新意和值得关注的。马和励先生以其广阔的国际视野和独特的研究方法，对中国经济改革和发展做了比较系统的考察。马和励先生对中国经济改革和发展历史的理解，对中国经济改革和发展成功之道的分析，都有许多独到之处。他不是简单地用现成的理论去“说明”甚至“裁剪”中国的实践，而是致力于深入研究和理解中国经济改革和发展的实际进程发生了什么变化，以及何以发生。他的研究因此而具有创新性。他的一些观点和主张是超越于传统经济学的狭窄范畴的，或者是同传统经济学相悖的，这正表现出他作为具有实践经验并且进行独立思考的经济学家的见识。本书出自一位长期供职于国际组织又在中国工作多年的经济学家之手，当会引起读者的更大兴趣。

马和励先生在中国工作期间，和我有过工作上的往来。他的谦虚精神和对中国人民的友好情谊，给我留下深刻的印象。去年他来北京，说有一部关于中国经济的书要在中国出版，希望我能写篇序言。最近读到书稿，觉得这确实是一本有价值的著作，所以愿意向读者推荐，并且以上面这番话为序言。

王梦奎

2019 年 9 月 1 日

引　言

过去的30年，中国一直在快速发展。仅仅这一事实就足以让中国和其取得的成就成为传奇。此外，在这里还生活着13亿人，约占世界人口的20%。在未来20年左右，它很可能成为世界上最大的经济体。各国经济地位和全球影响力在我们这一代会发生这么快的转变，真是颇有戏剧性。当我们在应对世界风云变幻时，更有必要明确地理解推动这一快速发展的各种力量。中国独特的文化、悠久连贯的历史及近年来取得的经济社会成就都引人瞩目，但最重要的是，这些还是中华民族及其精神的证明。

我对于中国的理解主要始于2003年8月我到达北京就任联合国驻华协调代表和联合国开发计划署代表的时候。像其他人一样，我关注中国多年，在到任之前，投入了大量的时间和精力钻研有关中国的资料并与专家探讨，而且曾尝试着以一位经济学家（曾经算是！）的视角来理解中国所表现的这一现象。由于我当时人在纽约，所以我可以利用与各大学和研究所不远的优势，还可以与一些有名的“中国通”高谈阔论。因此，就任时我感觉万事俱备。然而，到了中国，显而易见，很难将现实和那些公认的看法对应起来。这一经历在某些方面令人汗颜。同样有趣的是，有些非常聪明的人，虽然在中国阅历丰富，但是观点也极其迥异，尤其是在如何解释中国的现代性和发展方面。这让我想起了托马斯·库恩（Thomas Kuhn）的著作《科学革命的结构》（*The Structure of Scientific Revolutions*，1962）。该书试图解释心怀善念而又天赋异禀的人如何以及为何从不同的范式出发而意见相左并最终立场完全相悖。

一在北京安顿下来，我就拜访了中国的领导人、各国大使和社会名流。在拜访过程中，我得到了一些有趣的建议。一位朋友的话耐人寻味，他说："如果你想写一本关于中国的书，最好在前三个月就着手，那时头脑中想法清晰，你知道要说什么而且叙述也可能比较连贯。"与其不谋而合的是一位大使朋友的说法。这位大使朋友在中国有大约 30 年的生活工作经历。他认为在中国待的时间越长，困惑就越多。经过这么多年，他感觉到自己才开始对中国有所了解。

本书成于我到中国之后的第七年。在 2006 年和 2007 年，我开始就本书中所选的主题在中国和海外进行演讲。但是，我所经历的最艰难的考验是在 2007 年。当时我在剑桥大学为一群参加由联合国开发计划署主办的高级领导倡议会（Advanced Leadership Initiative）的中国领导人做一场演讲。谢天谢地，我没有离题万里，所讲述的脉络得到了他们的认可，而且我对于中国经济社会发展驱动力的看法也没有完全不着边际。

我们从自己的视角来审视中国。本书体现了一位发展经济学家为理解中国所做的努力，但是却植根于在中国生活工作多年的现实。我有幸能与中国的领导层、政府机构和社会密切接触，同时又能与国际组织和发展界（the development community）有更为广泛的联系。分析中所涉及的理念和思维方法源于我早期关于发展的一些研究工作（Malik 2002）。除此以外，还有世界上许多地区的发展经验，所有这些让我得出一个基本结论：发展基本上关乎变革，关乎发展广泛的生产力（developing broad-based capacities），关乎转变人的态度，关乎创立新而有效的制度以及人民大众和领导者如何管控他们的发展。发展亦关乎犯错和吸取教训。正如约瑟夫·斯蒂格利茨（Joseph Stiglitz）在1998年的普雷维什演讲（Prebisch Lecture）中明确地表示："成功的发展变革必须源于国家的内部，必须有相应的制度和领导者去促进、承受和管理变化的过程及对社会的改变。"

本书关注的是宽泛的发展转变，重点指出一些关键性的能帮助解释中国取得巨大成功的社会经济驱动力。也许我们需要提前阐明本书不会涉猎的内容。我们不会分析中国的政治体制，也不会解释中国的崛起对世界秩序可能带来的影响以及当代中国许多吸引人的其他方面。这些话题都值得详细而又审慎地反思，但不在本书探讨的范围之内。

对于分析家们来说，中国就是一个谜。很明显，这里发展神速，世界风云亦瞬息万变。然而，几十年来，许多人尤其是西方的经济学家、记者和专家评论员质疑此现象。他们很难接受中国政府所宣称的诸多发展成就。有人担心数据造假、资产泡沫的破裂（下一年就会完全崩溃！）等等。然而，中国经济保持以每年近9%（有时会更高）的速度高速发展了30多年。

现在，世界上很多人兴致勃勃地希望解开中国高速发展之谜。尤其值得注意的是，发展中国家的政策制定者和发展践行者不会再去辩论华盛顿共识（Washington Consensus）构想与北京共识（Beijing Consensus）构想孰优孰劣，在中国非正统政策的促使下，他们开始质疑从发达国家和国际组织那里所获得的一些政策建议。中国的吸引力在亚的斯亚贝巴（Addis Ababa）会议和由联合国开发计划署与中国国际扶贫中心联合主办的会议（在北京举办）上得到明显的体现。在亚的斯亚贝巴会议上，非洲的部长和高级官员们就中国发展的不同方面问了许多详细而具体的问题。

虽然我已提到本书的基本理论依据，但我仍然需要简要介绍一下它的篇章结构。前两章陈述了改革的背景和中国取得的成果，第三章分析传统解释的局限性，第四章主要是概述并展开“发展即变革”这一论点，第五章是应用上述方法来分析中国的改变（主要是过去30年的改革），最后一章讨论中国的未来。

在概述中国一直取得长足发展的原因之前，有必要评论一下为什么经济学家对于中国成功的传统解释要么是不充分的，要么有误导性。这是让我们开始感到困惑的地方。第三章尝试对关于中国进步的传统分析进行批判。如果我们看一下财经记者的报道，就会发现虽然他们在中国有长期的体验，但他们所传递的信息每年都出奇地相同：下一年，这个国家就会崩溃。比如，房地产行业被严重高估，整个经济体就是一个有待刺破的泡沫。在2007年末和2008年，全球金融危机席卷世界各国，当时有人赤裸裸地预言中国的GDP增速会剧烈下降，经济注定要陷入混乱。实际上，世界银行（World Bank）把对中国2008年的GDP预测下调到6.5%。最后，中国却实现了它8%的增长目标。这种类似的消极倾向在一些比较具有学术性的著述中也显现出来。许多经济学家在评估增长的决定因素时通常看重的是主要生产要素——资本、劳动力，有时还有科技——的贡献。这样的计算不能充分地解释中国近年来所取得的增长速度，既不能描述这些生产要素对于经济增长的直接贡献，也不能说明这些要素在回报率更高的各部门重新分配所带来的效率收益（efficiency gains）。在这些解释和实际的增长率之间存在比较大的残差（residual）。这个残差，我们称为全要素生产率（total factor productivity，TFP），反映的是多种生产要素综合到一起所产生的协力（synergy）。然而，最终全要素生产率更适合作为一种会计计量方法而不应算作解释。

本书试图解决一些基本问题：中国为何可以长期快速发展？国家未来的前景怎么样？它是否可以持续发展？在未来的几十年，它是否会赶超美国成为世界上最大的经济体（正如一些评论员预言的那样）？经济社会中的许多矛盾是否会让它停滞不前并最终崩溃？中国能否成功应对它所面临的诸多挑战：从满足其人民对于更好生活水平和更多生活选择日益高涨的追求到在未来20～30年见证人类历史上最大的有计划的迁徙——大约3.5亿人要从农村迁移到城市，从减少不公平现象到治理环境。这些问题既让中国人自己也让许多的中国观察员难以释怀。

我对中国的未来持积极态度，理由很简单：当前制度很有活力，过去展现的强大领导力很有可能持续到未来。中国共产党领导的合法性与经济社会的快速持续发展和确保发展的红利能够广泛地惠及民众紧密地联系在一起。的确，中国人对于"小康"的构想就是要在2020年建成一个全面发展、繁荣兴盛的社会。挑战犹在，这个目标能否实现？

就数据而言，需要注意的是，本书像其他分析中国的论述一样以官方数据为基础。如前所述，对于这些数据来源存在争议，部分是因为中国采用的计量方法有些微差异。有些经济学家曾试图调整这些数据，但是结果在可比性和预测力方面混乱不堪。这些调整往往走向两个极端，要么在有些情况下降低GDP增速，要么在有些情况下高估GDP增速。然而，显而易见的是，中国不仅发展得很快而且人们生活的各个方面发生着快速转变，从5亿多人脱贫到现代城市的创建，再到优质基础设施建设和中国的游客遍布全世界。

这种变革的论点借用了战后不同国家的发展经验，并分析这些经验如何帮助阐明发展基本驱动力，即所有权、生产力和政策之间的关系。所有权可以看作一切其他事物的基础，是关键的出发点，因为在历史上还几乎没有这样的先例。中国的发展离不开有中国特色改革的强大所有制，这些改革有益于中国社会，也符合当时的国情。

中国的发展也基本上离不开生产力的发展。通过扩大健康和教育投入（这一过程始于毛泽东时期），人本身的生产力得到大幅提升。这意味着一旦改革和政策被确定，就可以将其付诸实施，也体现了强大而持久的社会凝聚力。这当然不仅是其文化的反映，也是多年来采取的具体行动的写照。这种社会力量在本书中也被称为社会资本，包括行为规范和价值观。综合在一起，它们可以起到“黏合剂”的作用，让整个社会团结一致，也会影响发展机遇和成果。关于政策，“发展即变革”的理论框架提出了一个特别的观点，即背景举足轻重。它可以确定政策是否在以符合宗旨的方式发挥作用，也可以用来解释为何相似的政策会带来如此不同的结果，尤其可以解释为什么被称为华盛顿共识的整套政策的大规模应用只是造就了这样参差不齐而又马马虎虎的成功。

正如第五章所强调的，中国发展的关键特征是其全面性和一个强大而又有能力的政府的重要作用。中国是一个发生了翻天覆地变化的国家。未来仍然如此。从人类的角度来讲，它的公民比以前受到了更好的教育，有了更高的收入和更多的生活选择。在世界上，中国现在已经跻身全球一体化的经济体之列。很少有国家能在全球化当中取得如此成就。

然而，以任何线性的方式或仅以经济数字来剖析中国的发展对于中国现象而言或许有失公允。这些改革为何以及如何发生会是我们论述的重要组成部分。例如，许多经济学家对毛泽东时期与始于 1978 年的邓小平改革时期进行了对比。许多邓小平的改革理念在毛泽东时期有着充分的先例。有些分析家更进一步地认为，如果没有在毛泽东领导下进行实现中国社会平等、强化政府机构、改善人民健康教育状况以及 20 世纪 60 年代整顿农村经济方面艰苦卓绝的变革，邓小平的改革很难成功。当时的中国为引入邓小平改革和让市场在经济中起到更大的作用提供了肥沃的土壤。

这个变革的视角既与经济数字相关又会涉及对未来的态度和期待。中国人民，已经饱尝艰辛，在某种意义上为迎接一个新的完全不同的开始做好了充分的准备。

最后一章讨论的是中国的未来、政策以及中国在未来的岁月或几十年可能面临的结构性挑战。回顾对 GDP 增长的预测得出共识，即到 2030 年左右中国很可能成为世界上最大的经济体。在某种意义上讲，中国正在迈入恢复它 18 世纪以来丢失的相应地位的进程。据估计，当时中国经济占世界经济总量的 1/3。本书不会讨论太多这种相对的崛起对整个世界经济而言意味着什么，以及这种壮举是否是在许多未来可能影响深远的全球地缘政治因素的促使下发生的。我们把那些分析留给拥有许多观点而且对此话题更加见多识广的政治学家和专家评论员。本书如题所示，探讨的是“中国的持续快速增长之道”。

本书如果没有许多朋友的支持是不可能完成的。他们花时间讨论书中所含的一些观点或审阅前期草稿。我特别感谢萨尔塔杰·阿齐兹（Sartaj Aziz）、佩德罗·康西卡奥（Pedro Conceicao）、A. K. 希瓦·库马尔（A. K. Shiva Kumar）、哈利勒·哈姆达尼（Khalil Hamdani）、福田咲子（Sakiko Fukuda-Parr）、特格涅沃克·格图（Tegegnework Gettu）、里奥·霍恩-法萨诺赛（Leo Horn-Phathanothai）、詹姆斯·莫理斯爵士（Sir James Mirrlees）和南书毕（Subinay Nandy）。我对我的诸位研究伙伴深表感激，他们投入大量的时间来校稿，校对交叉引用的数据以及寻找失误。我特别感谢彼得·哲特斯托姆（Peter Zetterstrom），在2007年和2008年的许多时间里，他与我一起回顾评论发展文献并批判性地研究"发展即变革"理论框架中所涉及的观点。2008年末，彼得结婚后前往塞拉利昂，亨里克·拉堪达（Henrik Larkander）和于磊（Yu Lei）挑起了研究助理的重担，他们都是值得尊敬的继任者。我尤其要感谢我的家人所给予的非常耐心的支持，特别是我的妻子卡特（Carter），谨以此书献给她。毋庸赘言，书中错误理应归咎于作者本人。

参考文献

Kuhn, Thomas. 1962. *The Structure of Scientific Revolutions*. Chicago: Chicago University Press.

Malik, K. 2002. 'Towards a Normative Framework: Technical Cooperation, Capacities and Development', in Sakiko Fukuda-Parr, Carlos Lopes, and Khalid Malik (eds), *Capacity for Development*, pp. 24–42. London: Earthscan Publications Ltd.

Stiglitz, Joseph. 1998. 'Towards a New Paradigm for Development: Strategies, Policies, and Processes', Prebisch Lecture at the United Nations Conference on Trade and Development (UNCTAD), Geneva, 19 October.

目　录

第一章

中国的发展

在 2008 年，中国举办了改革开放 30 周年纪念活动。按照任何标准来衡量，中国都取得了相当突出的成绩。30 年的改革让对世界上最大的发展中国家的发展情况进行研究变得价值非凡。中国的发展不仅速度快——1979—1980 年以来，每年人均 GDP 增速大约为 9%，而且还伴随着人民生活水平的巨大改善。中国人民比以往任何时候都更加健康，更加富裕，受教育水平也更高。

据称，中国要把一百年的改革放在几十年的时间内来完成。同样有充分的理由相信未必所有的改革都尽如人意。成功伴随着新的挑战。在过去的几年，不平等在加剧——在所有人之间，在城乡之间和男女之间。用基尼系数（Gini coefficient）来衡量的话，中国的不平等率在 2001 年达到了 0.45 的水平（UNDP　2008a）。高速的发展给空气和水的质量以及中国有限的土地资源带来了巨大的压力。环境可持续性的挑战不容忽视。事实上，“先污染后治理”那种旧的模式既不节约成本也是不可持续的。

中国的全面发展在人类发展指数（Human Development Index，HDI）的变化方面得到了很好的体现。该综合指数（涉及收入、健康和教育三个因子）从 1980 年的 0.56 上升到 2006 年的 0.78（UNDP　2008b）。

中国现在既是一个中等收入国家又是一个中等人类发展（middle-human-development）国家。另一种衡量中国发展的方法是采用比较的角度。首先，我们可以分析在改革初期的 1980 年与中国发展水平接近的国家的人类发展指数。到了 2005 年，与中国发展水平接近的 10 个国家的人类发展指数上升了 22%，而中国的指数则上升了 39%。其次，我们可以把每年的人均 GDP 增速与其他国家的进行比较。中国的增长速度要高于东盟四国：马来西亚、印度尼西亚、菲律宾和泰国（见图 1－1）①。放眼全球，如图 1－2 所示，中国每年的人均 GDP 增速要高于世界上其他国家。

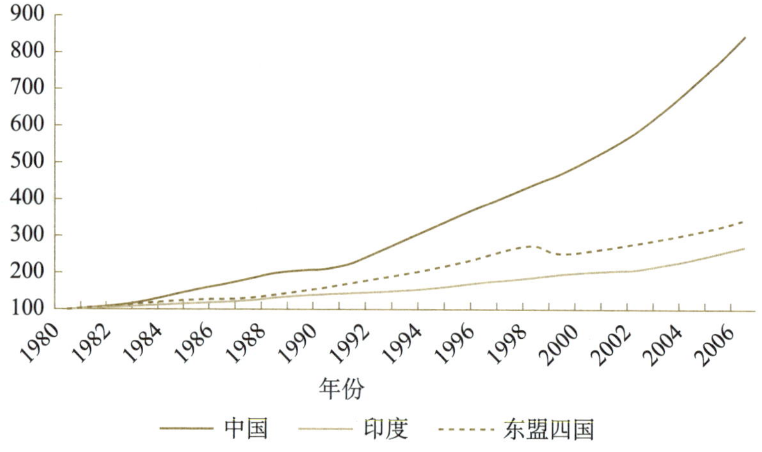

图 1－1　中国经济表现超过东盟四国及印度

资料来源：IMF，World Economic Outlook Database，September 2006.

注：实际人均 GDP 年增长率。中国与印度及东盟四国之比较（1980 年＝100）。

这种惊人的发展伴随着一些不同寻常的社会成就。官方给出的贫困率从 1984 年的 15%下降到 2007 年的 2%（ADB　2008）（见图 1－3）。

---

① 除 1989—1990 年度之外，中国的 GDP 增长一直优于东盟四国。自 1998 年亚洲金融危机以来，仅马来西亚 2000 年的 GDP 增长率（8.9%）高过中国此期间最低增长率（1999 年为 7.1%）（IMF，World Economic Outlook Database，2007）。

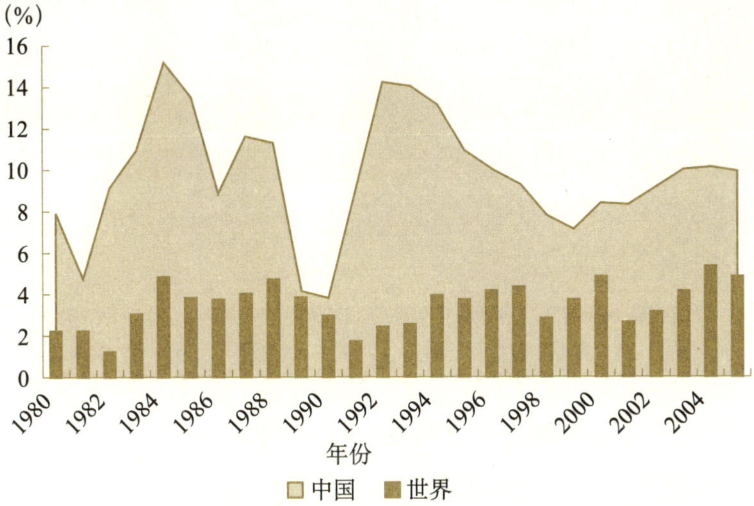

图 1－2　中国经济表现超过全球经济

资料来源：IMF，World Economic Outlook Database，October 2007.

注：实际人均 GDP 增长率。中国同世界之比较，1980—2005 年（%）。

不管如何衡量，这是中国有史以来最大幅度的收入减贫（income poverty reduction）。最近的世界银行研究（Chen and Ravallion 2008）按照一天 1.25 美元的最低修订标准来估计，1981 年以来，中国有超过 6 亿人脱贫。中国的进步意味着世界正在实现其千年发展目标（Millennium Development Goals）之首要的减贫目标。如果不把中国计算在内，全球贫困人口在 2008 年实际增长了 2 900 万（UNDP 2008b）。

健康和教育指标同样增长强劲，在改革初期的几十年尤其如此。2005 年中国人的平均寿命达到 72 岁（见图 1－4）。此外，对于一个发展中国家来说比较难得的是，到了 2002 年，高达 98%的人口都可以用上电。与官方旨在打开内部市场相一致，中国现在遍布着公路网，在 2008 年已经超过了美国。

在将近 30 年的时间里，如图 1－1 所示，中国的发展并非总是线

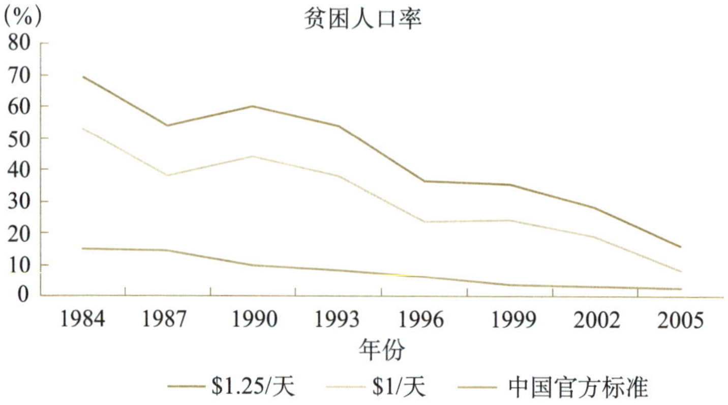

图 1-3　中国在脱贫工作中的成功

资料来源：World Bank（2008）.

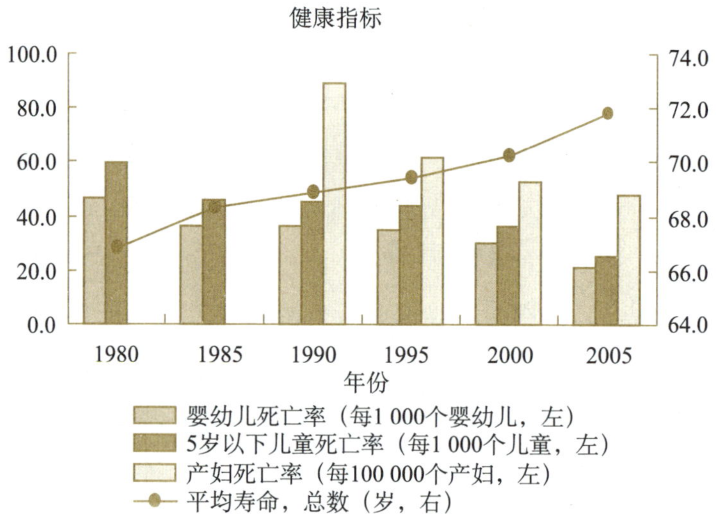

图 1-4　过去 30 年中国的健康指标

资料来源：World Bank（2008）.

性的，的确存在宏观经济周期的迹象，但是按照国际标准它们表现得很温和。除了两个比较短暂的时期，1981—1983 年和 1989—1993 年，人均收入一贯保持高速增长。在这两个时期正巧爆发内部矛盾冲突。

第一个时期，国家内部广泛地辩论中国应该走资本主义道路还是保持原来的路线缔造一个社会主义的经济体和社会。邓小平终结了这次辩论，采用“社会主义市场经济”的说法。第二个时期与1989年的政治风波联系在一起，该事件对与其他国家的经济贸易关系产生了重大影响。

随着时间的推移，高速发展的国家随着繁荣的到来发展速度往往不可避免地趋缓。但是中国也会如此吗？官方的小康[①]目标是要在2020年让收入水平成为2000年的3倍，这就要求在接下来的11年中每年的经济增长率达到7%～8%。到那个时候，中国会是一个“适度全面发展、富裕的社会”。相比之下，日本的GDP增速从1960—1970年间的10%降低到1980年代的5%，再到1990年代以后的不到2%（Goldman Sachs 2003）。

从历史的角度来看，中国正在重新获得在世界民族之林的地位。经济历史学家安格斯·麦迪逊（Angus Maddison 2007）以购买力平价（purchasing power parities）为基础评估了1500—2003年中国GDP占整个世界GDP的相对份额（见图1-5）。在1820年，中国占世界经济总量的1/3。在1950年代和1960年代，这一比例骤降到不足5%。中国现在占比15%左右。在2010年，中国成为世界上第二大经济体。高盛集团（Goldman Sachs 2003）预测，按照美元计算的话，中国会在2041年超越美国。事实上，中国会在2010年赶超德国的预测在2007年就应验了。

总体构想和结构调整

多年以来，邓小平改革倡导的发展是硬道理的思想经历了不断的

① “小康”来自儒家学说，意思是“全面发展、繁荣兴盛的社会”。

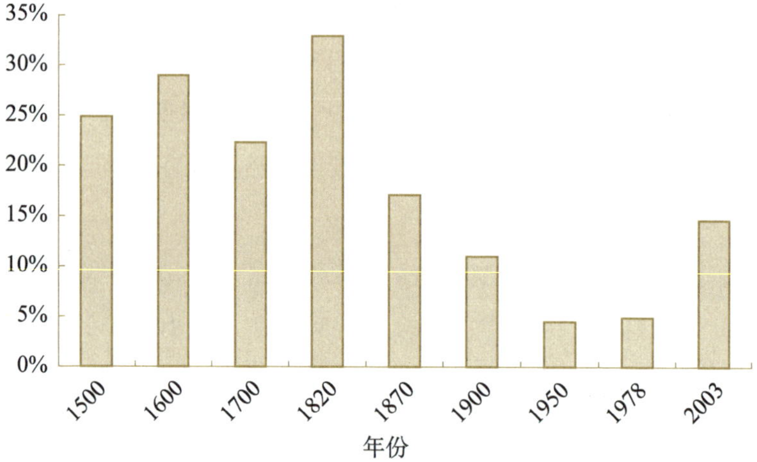

图 1-5　中国在全球 GDP 总量中的占比，1500—2003 年的若干时间节点

资料来源：Madison (2007).

调整，虽然高速发展一贯受到高度重视。在江泽民同志的领导下（1993—2003 年），中国注重经济的高速增长。直到 2005 年，指导性的口号是"农业支持工业，农村支持城市"。省级领导的政绩按照他们省的 GDP 增速来评定。国内有关增长质量的辩论和对于环境的担忧导致对这一发展路径进行调整。我们可以援引《中国日报》(*China Daily*，9 October 2005) 的一段论述来说明这一点：

> 中国共产党中央委员会于 2005 年 9 月 29 日召开的会议强调，在接下来的 5 年里需要坚持以人为本，转变发展观念，开创新的发展模式，提高发展质量，贯彻"五个平衡"（平衡城乡发展、平衡地区发展、平衡经济社会发展、平衡人与自然发展以及平衡国内发展与对外开放），把经济社会发展切实转入全面、协调和可持续的发展轨道上来。

在 2005 年的全国人民代表大会上，时任总理温家宝宣布战略要发生转移，"让工业反哺农业，城市支持农村"。像科学发展和"五个平衡"这样的说法突出强调需要走更具有可持续性的发展道路以及减少不平等。

中国现代化的一个主要方面是农村人口向城市转移和城镇化。这两点需要谨慎推进。在接下来的 20 年里，中国计划让一半的农村人口在城市居住，这就意味着需要将 3 亿人从农村转移到城镇，这可能是历史上规模最大的有计划的人口转移。

中国取得的成就还有其他同样值得关注的一些特征。在改革期间，工业和农业在整个经济总量中所占的份额在一定程度上发生了翻转。工业产值 GDP 中的比例在 1952 年为 20%，在 1990 年为 41%，在 2000 年为 46%，在 2006 年为 49%（ADB 2007）。农业对 GDP 的贡献率从 1990 年的 27%下降到 2000 年的 15%，再到 2006 年的 12%。

私营经济

中国经济增长的一个重要特征是私营经济扮演着越来越重要的角色。在改革初期，整个国民经济的 80%要么是国家主导要么是国家管理。在 2005 年（UNDP 2005），这一比例发生了翻转。大约整个国民经济的 2/3 是由私营经济推动的（见图 1-6）。以前，政府主导储蓄和投资，但是，现在大部分的储蓄来源于个人和企业。投资的资金是由留存收益（retained profits）和银行提供的。更显著的是国有经济地位的下降以及它们越来越愿意接受市场经济和自负盈亏的做法。

私营经济作用的增强被一些人认为是“意料之外的”（Naughton 1995）。私营经济在中国沿海地区的发展中扮演了极其重要的角色。吸取成功的经验，中国政府在扩大私营经济的作用方面制定了明确的目标，同时引入新的发展举措来加速发展全国落后地区，比如西部地区（西部开发计划）和东北地区（东北振兴计划）。东北振兴计划始于 2005 年，针对辽宁、黑龙江和吉林三省，致力于既提升非国有企

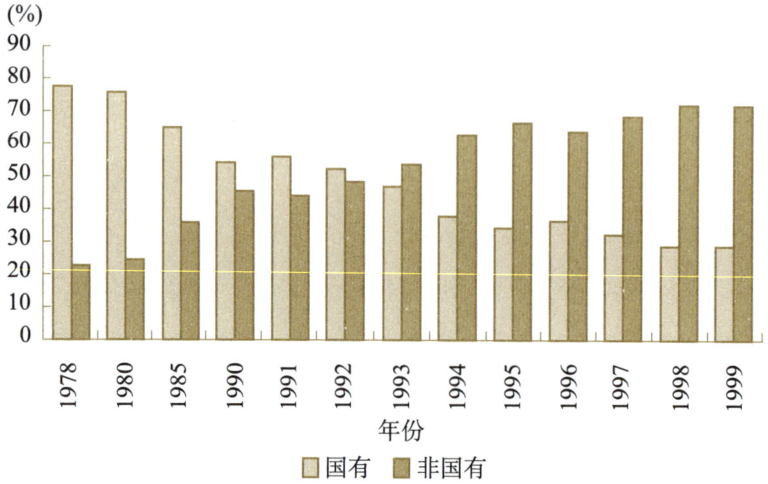

图 1-6　按所有制统计的工业总产值

资料来源：National Bureau of Statistics of China（1999，2000）.

业的贡献率又让国有企业彻底改造成新的公司实体。

生产率

但是中国的发展有效率吗？毋庸置疑，在改革之前的 1949—1979 年这段时间，生产率增长（productivity gains）接近于零，但是在改革时期每年的增长率为 3%～4%。在改革早期，每个工人的产能年增长 3%～6%，在随后至今的时期，却以高达 8%的速度增长。到了 1990 年代早期，生产率增长对经济发展的贡献超过了 50%，而资本形成（capital formation）的贡献率跌到 33%以下。生产率的这种爆发式的增长是很显著的——美国的生产率增长率在 1960—1989 年这一时期平均只有 0.4%（Hu and Khan　1997）。

后面的一章会详细讨论生产率增长的不同诱因。但是此处我们强调的是在改革早期生产率提高主要体现在农业方面。在 1978 年改革之前，几乎 4/5 的中国人从事农业劳动；到了 1994 年，务农的人口只剩 1/2。改革扩大了农民的财产权利，促使人们竞相在农村地区创办小型非农工商企业。

贸易

从在 1978 年仅占国民收入的 10%到 1982 年的 16%，中国脱颖而出成为世界上最大的贸易强国之一，2002 年国民收入的 55%来源于贸易，2005 年则高达 64%（UNDP 2006；Naughton 2007）。在 2007 年，实际贸易额为 2 万 2 000 亿美元，贸易差额为 2 620 亿美元。

中国的出口在 1980 年至 1993 年间以每年平均 13%的速度增长（MacMillan 1994），而且自此以后继续以高速增长——在 1990 年代，中国贸易增速要比全球贸易增速快三倍（WTO 2003）。1978 年改革以前，中国国家计划（state-planned）的贸易环境受到高度管制（highly regulated）（Lardy 2003）；2001 年中国成为 WTO 成员方。在此过程中，中国 1978 年出口量在世界排名 32 位，到了 2008 年，却成为世界最大的出口国之一，仅次于德国[①]。在 2009 年，预算表明中国已经赶超德国。

在中国出口方面另一个需要关注的是其广泛的竞争力。虽然主导着劳动密集型商品（labour-intensive goods）的出口，如纺织品、服装、鞋和玩具，但是中国在电子器件方面也有全球竞争力，是美国高科技产品的主要供应国（Lardy 2003）。金奇（Kynge 2006）着重指出技术的深度："世界上 70%的复印机、70%的电脑主板、55%的 DVD 播放机、30%的个人电脑、25%的电视机和 20%的汽车音响——仅举几例——主要是在中国的工厂制造的。"

---

① 2007 年，中国的出口量占世界总出口量的 8.7%，德国为 9.5%（WTO 2008）。如果只统计欧盟（27 国）外的数据，中国（11.8%）的占比仍仅次于欧盟（16.4%）。

人口

要完整地汇集中国的发展成果不能不回顾其人口政策，这是一个在多方面表现勇敢的政策，也是一个饱受国际评论员批评和争议的政策。取消了毛泽东在 1950 年代鼓励人口增长的政策，基于 1970 年代早期的计划生育规划，邓小平和中国的领导层为了降低人口增长速度在 1980 年做出了一个战略性的决定：引入独生子女政策（CPC 1980）。

随着人口的变化趋势产生了一代依赖率（dependency rate）较低的年轻人，在原则上这有益于增长。在有关文献中，这也被称为“人口红利”（见图 1－7）。这些人口统计数据的基本推动力有两个——生育率的下降和平均寿命的延长。生育率由 1949 年的 6.1 锐减到 2002 年的 1.8（低于 2.1 的人口替换率），平均寿命则由 1949 年的 35 岁延长到 2005 年的 72 岁（ADB 2007；Riley 2004）。然而，中国当前的人口分布给未来构成了诸多挑战。联合国预测，到 2040 年老年人（60 岁以上）的比例将上涨到 28%。随着老龄人口的增加以及给社会保险与福利体系带来的财务负担和其他影响，中国要面临低收入与老龄化并存的社会所带来的一系列挑战。令人担忧的是，男女之间的不平衡在加速。在 2005 年，男女出生比为 121∶100，让中国成为世界上男女比例严重失衡的国家之一。这样的结果可能源于独生子女政策、选择性生育（liberalization）以及由来已久的重男轻女观念。

中国是世界上人口最多的国家，然而，值得注意的是，相比较而言，中国在全球人口中的比重由 1950 年代的 30%下降到 2007 年的 20%（Naughton 2007）。到了 2008 年，中国人口达到 13 亿。无须去辩论所采用方法的优劣，如果没有控制人口的话，据估计，到 2008 年中国人口还会再增加 3 亿，人均收入因此会更低。正如一些评论员

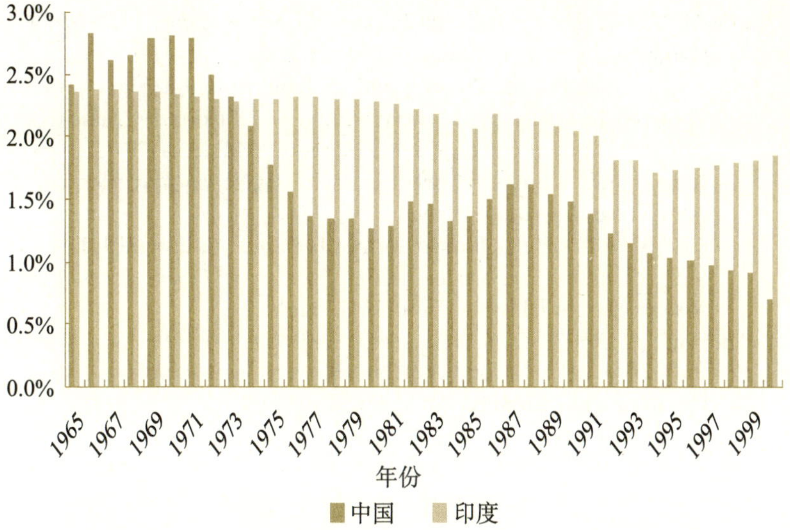

图 1－7　中国同印度的人口增长率对比（1965—1999 年）

资料来源：Heston et al.（2009）.

评论的那样，“大多数国家未老先富，而中国已经未富先老”。

参考文献

Asian Development Bank (ADB). 2007. *Key Indicators 2007. Inequality in Asia*, Vol. 38. Philippines: ADB.

———. 2008. *Key Indicators 2008. For Asia-Pacific, Comparing Poverty across Countries: The Role of Purchasing Power Parities*. Philippines: ADB.

Chen, S.H. and M. Ravallion. 2008. 'The Developing World is Poorer than We Thought, but No Less Successful in the Fight against Poverty', Policy Research Working Paper Series 4703, World Bank.

Communist Party of China (CPC). 1980. 'On the Control of Population Growth Caused by China's Communist Youth League's Open Letter to All', Communist Youth League, 25 September.

Heston, Alan, Robert Summers, and Bettina Aten. 2009. 'Penn World Table Version 6.3', Center for International Comparisons of Production, Income and Prices at the University of Pennsylvania, August.

Khan, M.S. and Z.L. Hu. 1997. 'Why is China Growing So Fast?', International Monetary Fund, Economic Issue 8, Washington DC.

Kynge, J. 2006. *China Shakes the World: A Titan's Rise and Troubled Future—and the Challenge for America*. Boston, Massachusetts: Houghton Mifflin Company.

Lardy, N.R. 1992. *Foreign Trade and Economic Reform in China, 1978–1990*. Cambridge, UK: Cambridge University Press.

———. 2003. 'Trade Liberalization and Its Role in Chinese Economic Growth', International Monetary Fund and National Council of Applied Economic Research Conference 'A Tale of Two Giants: India's and China's Experience with Reform and Growth', New Delhi, 14–16 November.

MacMillan, J. 1994. 'China's Nonconformist Reforms', in Edward P. Lazear (ed.), *Economic Transition in Eastern Europe and Russia: Realities of Reform*. Stanford: Hoover Institution Press.

Maddison, A. 2007. *Chinese Economic Performance in the Long Run, 960–2030 AD*, Second Edition Revised and Updated. Paris: Development Centre Studies, OECD.

National Bureau of Statistics of China. 1999. *China Statistical Yearbook 1999*. Beijing: China Statistics Press.

———. 2000. *China Statistical Yearbook 2000*. Beijing: China Statistics Press.

Naughton, B. 1995. *Growing Out of the Plan—Chinese Economic Reform 1978–1993*. Cambridge, UK: Cambridge University Press.

———. 2007. *The Chinese Economy—Transitions and Growth*. Cambridge Massachusetts: The MIT Press.

Riley, N.E. 2004. 'China's Population: New Trends and Challenges', A Publication of the Population Reference Bureau (PRB), Washington DC, 59(2).

United Nations Development Program (UNDP). 2005. *Human Development Report 2005: International Cooperation at a Crossroads—Aid Trade and Security in an Unequal World*. New York: UNDP.

———. 2006. *Asia-Pacific Human Development Report 2006: Trade on Human Terms—Transforming Trade for Human Development in Asia and the Pacific*. New Delhi: Macmillan India Ltd.

———. 2008a. *Human Development Report 2007/2008: Fighting Climate Change—Human Solidarity in a Divided World*. Houndmills, Basingstoke: Palgrave Macmillan.

———. 2008b. *Human Development Report China 2007/08: Access for All—Basic Public Services for 1.3 Billion People*. Beijing: China Translation and Publishing Corporation.

World Bank. 2008. *World Development Indicators*. Available at http://go.worldbank.org/U0FSM7AQ40, accessed on 18 April 2010.

World Trade Organization (WTO). 2003. *International Trade Statistics 2003*. Geneva: WTO.

———. 2008. *International Trade Statistics 2008*. Geneva: WTO.

第二章

中国改革简史

中国就战略方向和战略决策所进行的反复辩论是一个有趣的话题，因为据此，不仅可以追溯不同派别统治精英延续至今日的努力，也可以看出那些为了能与世界其他国家更为密切地融合（2001 年，中国加入世界贸易组织，往前迈出了一大步）从而推动更加自由的市场经济而奋斗的改革者，那些关心日益严重的不平等和腐败现象的人士，以及其他一些努力恢复党纪希望重塑革命理想的人之间是如何博弈的。

为了评估 30 年改革期间中国发展的决定因素，我们在这里首先总结一下自 1979 年引入的一些关键改革和政策或许会有所帮助。经济学家通常把中国的改革历程分为两个主要时期：最初的改革（1978—1992 年）和深化的改革（1993 年以后）。

不得不承认的是，在几个重要领域，邓小平深化了毛泽东引领的改革。他们之间的连续性比我们通常认为的要强得多。

初期的改革：1978—1992 年

“文化大革命”后，社会的许多方面受到破坏，国家的生产力也被严重削弱。尤其是大规模的农业部门的生产力低下，跟不上全球发展的步伐。经过评估，农业的生产力甚至下降了。这也是改革起步之处：农业生产打破集体化（de-collectivization），引入有限的土地权利，允许通过家庭联产承包责任制（Household Responsibility System）保留收益。

大多数人认为，1978 年 12 月召开的中共十一届三中全会正式开启了改革的时代，全会批准把工作重心从“以阶级斗争为纲”转移到经济建设上来。改革取得了显著成果。农业生产突飞猛进。生产力的快速发展既提供了储蓄又向农村地区的非农产业释放了剩余的劳动力。更为重要的是，还为其产品开辟了市场（Sachs and Woo 1994）。乡镇企业带动下的轻工业和消费品工业同样爆发式地发展，这让很多人感到惊讶。相比之下，国有企业的改革显得不足。

1980 年代末的经济过热正巧碰到了 1989 年政治风波。1989 年和 1990 年实施经济紧缩方案来给过热的经济降温（Qian 1999）。一些扭转改革的尝试包括农业的“再集体化”（recollectivization）在全国的层面导致了政治僵局的出现。经过坚持改革的主要地方和省级领导的共同努力，再加上 1992 年邓小平的南方谈话，这种平衡被打破，中国逐渐发起了第二阶段的改革。

1993 年以后

第二阶段的改革与第一阶段的改革在几个重要的方面有所不同。首先达成共识，即改革必须全面贯彻，以消除第一阶段暴露的诸多矛盾。其次明确建立市场经济的目标，虽然带有中国社会主义特色。该目标包括制定一系列服务于市场并吸收国际最佳实践经验的制度，以及致力于国有企业的重组改制。

在 1993 年 11 月，中共十四届三中全会通过了里程碑式的《中共中央关于建立社会主义市场经济体制若干问题的决定》，改革成为国策。外汇改革、货币改革、财政税收制度改革相继而来。更加强调建立服务于市场的各种制度和以规则为基础的市场环境。随着更多实质性的改制，集体所有制的重要性日渐式微。1993 年 11 月的决定在许多方面具有历史意义，政府明确建立现代市场经济体制的目标，标志着中国在改革的过程中迈出了划时代的一步（Qian and Wu 2000）。

成果引人瞩目。因经济紧缩和不确定性而萎靡的乡村企业开始突飞猛进。就业率在 1992 年增加了 10%，在 1993 年增加了 17%。工业生产比以前发展更快，外商直接投资（foreign direct investment，FDI）从 1990 年的 44 亿美元跃升至 1992 年的 110 亿美元和 1993 年的 280 亿美元。到了 2008 年，外商直接投资超过了 900 亿美元①。

中国经济增长在 1998 年和 1999 年变缓的部分原因是亚洲金融危机，但也是因为在一些关键领域的改革趋缓。恢复经济活力势在必行。WTO 成员方（于 2001 年 11 月加入）的身份也强化了进一步改革的需要，尤其鉴于国内经济要为外来竞争做好准备。越来越多的人意识到相应的制度需要升级而且还需创立新的制度以响应国家监管和调控的新需要。加强法制、发展中小型企业、国家主要发展银行的股权多元化、进一步的国有企业改革都对制度创新提出了新的要求。

重大改革聚焦

喊口号

中国的历史不乏表示思路和方向转变的愿景宣言。在改革的不同

① 见 Chiang 2009.

时期，新的口号被推出来以使人们领会这些转变的精髓。就改革时期而言，像四个现代化（Four Modernizations）（1978 年）、小康（Xiaokang）（2000 年）、“三个代表”（Three Represents）（2002 年）、科学发展观（Scientific Approach to Development）（2003 年）等说法都纳入了新的元素，表示新的战略方向，但是又都没有超越总的发展框架。

中国改革重大步骤

初期的改革

1977 年，开创“打开国门”（Open Door）政策，后来与四个现代化相融合。

1978 年 12 月，中共十一届三中全会确立党要致力于经济建设，将党的工作重心从“以阶级斗争为纲”转移到经济建设上来。

1978 年 10 月，在四川的六家国企试验自主管理和利益留存的改革。

1978 年，邓小平论述了经济改革逐步实现四个现代化。

1979 年，引入农业家庭联产承包责任制和“专业户”。

1979 年 7 月，广东和福建允许通过采用特殊政策（special policies），实行“灵活措施”（flexible measures）让改革往前迈一步。

1979 年 7 月，中央政府在全国范围内宣传四川国企试验经验。

1979 年 7 月，调控发展人民公社和生产大队（乡村企业的前身）。

1979 年，在深圳、珠海、汕头和厦门建立经济特区。

1980 年，开始财政紧缩。

1981 年，国企正式引入经济责任制。

1982 年，整个国家农业生产采用承包责任制。

1982 年，废除人民公社。

1983 年，中国人民银行确立为中央银行，商业性经营委托给四大国有银行。

1984 年 5 月，正式批准工业产品可以进入市场流通，但是价格不得高于计划价格的 20%。

1984 年 5 月，国务院发表了十篇关于扩大国有企业自主权的文章。

1984 年 10 月，中共十二届三中全会通过了关于城市改革的决议，包括从“计划为主，市场为辅”到“有计划的商品经济”的重大转变。

1984 年，为政府机构改革出台了干部学历要求、年龄/任期限制和补偿方案。

1984 年，除了深圳之外又增加了 14 个沿海开放城市[①]。

1984 年，家庭联产承包责任制覆盖了 98%的农业户。

1984 年，实际上所有的农业集体都解散了。

1984 年，8 人以上的私有企业合法化。

1985 年 2 月，市场价格限制解除，双轨制正式起作用。

1985 年，第一波下海（投入创办私人企业）。

1987 年末，国有企业承包责任制普及面达到了 80%。

1988 年，基于前述十篇文章的企业法获得通过。

1988 年，海南建省并被宣布成为又一个经济特区。

1989 年，开始实施经济紧缩方案来给过热的经济降温。

① 大连、秦皇岛、天津、烟台、青岛、连云港、南通、上海、宁波、温州、福州、广州、湛江、北海。

1990 年，经济紧缩方案继续。

1990 年，广东率先放松价格限制，其他省份陆续跟进。

1992 年 1—2 月，邓小平发表南方谈话，动员支持进一步更加彻底的改革。

1992 年 7 月，关于转变管理机制的调控措施授予国有企业管理者在外贸、投资、人员聘用和工资发放等方面的 14 项管理权。

1992 年 9 月，中共十四大批准改革的目标为建立社会主义市场经济体制。

1992 年，改革在全国范围内上升到新的高度，就市场化普遍达成共识。

1992 年，大多数沿海城市和长江流域城市扩展了享有的特权，上海更进一步。

1992 年，内陆城市建立了自己的开发区。

改革的第二阶段

1993 年，江泽民领导党的财经领导小组和一批经济学家一起拟定一个向市场经济体制过渡的宏大战略①。

1993 年，国有企业承包责任制结束。

1993 年，几乎所有工业产品的双重价格逐步退出。

1993 年，通过《国家公务员暂行条例》。

1993 年 11 月，中共十四届三中全会批准了里程碑式的《中共中央关于建立社会主义市场经济体制若干问题的决定》——确立以规则为基础的市场环境、为市场服务的各种制度和个人财产权利受到保护的战略。

① 包括税收、财政体制、企业及外贸方面。

1993 年，开启国有企业改革。

1994 年 1 月，吸取国际最佳实践经验引入主要的财税改革。

1994 年 9 月，取消外汇收支的指令性计划。

1995 年，《预算法》生效，限制中央和地方政府的财务选择。

1995 年，引入独立的审计制度。

1995 年，《中国人民银行法》通过，大大地降低了地方政府的货币政策影响。

1995 年，《商业银行法》通过，促进了会计标准国际化。

1995 年，小型国有企业改革大规模出现，并得到了政府的认可。

1996 年，《律师法》通过，并被认为是法制改革的里程碑。

1996 年 12 月，引入经常项目可兑换（current account convertibility）。

1997 年 9 月，中共十五大将非公有制经济的地位提升至“国民经济的重要组成部分”，将国有企业视为“国民经济的支柱”，公有制的实现形式可以多样化——被视为所有制问题上的重大突破。

1997 年 9 月，中共十五大明确地强调法治。

1997 年，国务院颁发新的养老保险框架结构。

1998 年，精简政府机构的重大改革将部委由 40 个减少到 29 个，将公务员队伍从 800 万削减到 400 万。

1999 年 3 月，修订后的宪法纳入了非公有制经济和法治，把非公有制经济放到了与公有制经济同等的地位。

1999 年，地方政府迅速开始放松对私营企业的限制。

1999 年，中央银行将 30 个省级分行减少到 9 个区域性分行。

1999 年 9 月，中共十五届四中全会通过国有企业改革文件，规划国有企业从四大领域外的所有其他领域退出，让非公有制经济成分延伸到中型国有企业，此外还有所有制结构的多样化以及剩余国有企业的公司化管理。

2000 年 1 月，启动西部大开发战略。

2001 年 11 月，加入 WTO。

2004 年，中国与 10 个东南亚国家签署一份贸易协议，该协议可以让占全世界 25%的人口在一个自由贸易区内联合起来。

2006 年，取消农业税。

2007 年，引入法律保护财产权。

2008 年，宣布 5 860 亿美元的经济刺激计划。

四个现代化和小康

1978 年 12 月，中国共产党召开的十一届三中全会对于中国的改革具有重要意义。中央委员会决议概述了具有划时代意义的四个现代化，即农业现代化、工业现代化、国防现代化和科学技术现代化。1975 年 1 月，周恩来遵照毛泽东的指示提出了全面实现四个现代化的战略，并强调要在短期内建立具有现代农业、工业、国防和科学技术的社会主义强国。

邓小平清楚这次具有重大历史意义的转变意味着什么。1979 年 11 月在接受一位美国记者的采访时，他说道：

> 实现现代化确实是一场新的大革命。我们革命的目的就是解放，发展生产力。离开了生产力的发展、国家的富强、人民生活的改善，革命就是空的。邓小平也清楚，中国要实现其目标离不开国际合作。他特别重视充分利用全世界先进的科技成果并获得

国际融资，以便中国可以快速实现四个现代化。

邓小平不接受市场经济只在资本主义体制下存在这样的论调。他对中国的构想不仅追求发展市场经济，而且要发展调控国有企业之间、集体企业之间，甚至外国资本主义企业之间关系的社会主义市场经济。

1979 年 12 月，邓小平会见时任日本首相时提到了“小康”这个词。他解释这是中国现代化的目标。1997 年 9 月，在中共十五大上江泽民讲道，建设小康社会是共产党的首要任务。2002 年 11 月，在中共十六大上，他正式重申国家的任务，即要在 2020 年建成全面的小康社会。“小康”是儒家词语，描绘了一个基本富足的社会。它明确地反映了这样的思想：经济发展需要和社会公平与环境保护相平衡。这是中国共产党首次用古代的中国观念来使其对中国未来的构想合法化。

科学发展观

2003 年，胡锦涛描绘了“科学发展观”的新构想。这一构想是对日益严重的不平等所造成的有关社会稳定性的担忧和环境的每况愈下做出的回应。那一年，胡锦涛又进一步详细阐述了他的构想，要求实行全面、协调、可持续的发展。在 1997 年中共十七大上，胡锦涛又重申了这一构想。

这代表了中国领导层重新思考中国未来经济社会发展模式的努力。这一构想强调“以人为本”——要以人的全面发展为经济社会发展的最终目的，要求构建和谐社会离不开经济社会的协调发展。与联合国倡导的人类发展观类似，科学发展观包括四个重要特征（UNDP 2008）：

以人为本的发展。发展的成果要反映在人民生活中，可以为社会所有民众平等地共享。

全面的发展。国民生活的所有领域都要有所发展——经济、社会、文化和政治。

协调的发展。发展的益处能平等地惠及不同地区和不同社会群体。这也要求理顺中央和地方政府的关系，平衡个人和集体的利益，平衡国家利益和全球的需要。

可持续的发展。整个国家应该致力于构建一个既节约资源又环保的社会。发展的速度、结构和质量让人可以工作生活在一个健全的生态环境中，可以与自然和谐共处，以至于当代人不会损害子孙后代的发展。

家庭联产承包责任制

1978 年，安徽省有 18 位农民在土地承包合同上按下手印。他们没有土地处置权，有生产决定权。同时，为了避免冲突，他们又承诺实现中央规定的粮食生产指标。农业生产岌岌可危的状态以及眼前的穷困促使这些农民积极主动，发起了在全国产生广泛影响的改革。这一做法迅速蔓延开来，虽然中央没有正式批准，但是得到了时任具有改革意识的安徽省负责人万里的支持。

农业产量暴涨。1980 年晚期，改革的完全成功让中央不得不重视。即便到了那个时候，中国共产党只是允许在贫困地区实施家庭联产承包责任制。1982 年早期，党对改革提供了更加积极和广泛的支持。1982 年末，大约 80％的农户采用了这种形式。1984 年，几乎所有的农户都这么做。

这些农业改革被认为是中国第一批成功的改革。正如一位高级官员指出：

为何改革最早会在农村地区取得突破？这绝不是偶然，是有历史原因的。这是因为农民在旧的僵化的体制下受苦最深，因此有着最强烈的改革愿望。同时，农村是旧体制中薄弱的地区（没有太多的既得利益），于是就成为改革的突破点。(Qian 1999)

对外开放和经济特区

中国早期以比较封闭的经济模式为特征，即使在1950年代，对于从苏联进口也只是相对开放。在1970年代和1980年代，中国外贸在GDP中的比重很少超过10%。在1990年代早期，中国在对外开放和融入世界经济方面迈出了决定性的步伐。30年的改革时期伴随着一波又一波放松贸易限制和促进贸易的浪潮。2001年中国加入世贸组织以来，贸易总量激增。1990年代的创新如沿海地区的经济特区成为拉动初始投资和港台地区知识转移的重要马车。其实，改革者们的志趣和世贸组织的要求相一致，他们可以利用世贸组织成员的要求来推进改革。

到了1990年代晚期，中国加速放宽对国家贸易和外商直接投资的体制限制。在加入世贸组织之前，中国就拥有发展中国家最为开放的贸易体系之一。中国对于开放和全球化的接受，除了带来出口的直接收益，也鼓励在国内经济中展开更加激烈的竞争，同时提高国内消费者的福利水平（Branstetter and Lardy 2006）。

尤其是经济特区，是要尝试在特定的地理区域引入市场经济。它们首先于1979年在广东和福建的四个城市被建立起来（深圳、珠海、汕头和厦门）。

引入经济特区正巧遇到国有企业开始改革（1978年）。国有企业的激励体系发生了改变而且拥有更大的自主权。这些变革是在四川和湖北开展试验的基础上引入的。这些激励机制本质上是关于公司利益的留存。中央非常重视所获得的经验教训。虽然四川国有企业改革的焦点在于扩大企业的自主权，湖北的试验围绕着“税或利润”展开，上缴利税（remittances of profits）被税收或支付固定资本金（required payments for fixed capital）所取代（Naughton 1985）。

经济特区享有各种特权，从开放贸易（open trade）、外汇收益、税收优势到授权小额外商投资（Cai and Treisman 2006）。重要的是，这些专属经济区享有特别的制度和政策环境，在经济发展方面获得了更多的权力。例如，它们被授予可以批准多达 3 000 万美元外商投资项目的权力（Qian 1999）。

经济特区试验很快得到了邓小平的支持，并且这些试验是在中国一些工业化程度较低的地区如福建展开的，这大大减少了来自相关既得利益集团潜在的重大阻力。一旦开始经济特区试验，并取得了一些成效，地方的领导就会说服中央取得类似的特权。

市场自由化的双轨制

农村改革的成功也影响了改革在更广的经济领域内的实施。农村改革是双赢的，这主要是因为采用了双轨制。为了保护总体的粮食安全，国家为关键作物制定了生产目标，这些目标的实现由政府来督促完成（Naughton 2007）。经过改革，农民可以保留超产的部分。这些剩余的农产品可以在市场上交易。到了 1993 年，按照诺顿（Naughton）的说法，“市场的范围得到了充分的扩充以至于经济的发展超出了计划”。

中国的“双轨制”指的是“传统计划与市场渠道共存”（同上）。这两部分通常在同一家企业或同一行业起作用。超越规定指标的任何产品都可以在新兴的市场上直接出售。这一体制要求公司包括国有企业遵守越来越强的市场规律。刘遵义、钱颖一和罗兰（Lau, Qian and Roland 2000）认为这种方法在中国当时的状况下代表了“有效的柏拉图式的改革”。在这种体制下，经济活动的主体——农民、工厂管理人以及其他人员都会签订合同来（industrial producers）按照固定价格向国家提供定量的产品。一旦经济活动主体完成了这些义务，剩余产品就可以进入市场。这种双轨制代表着中国在放宽对市场的限制以及让整个经济逐渐接受市场约束方面迈出了重要的一步。这种改革在发达的经济体中也不是没有先例。例如，在发达国家也存在着双层的薪水体制，在一些行业中如美国航空系统内，新招募的员工拿的工资较低。

在农业改革中，同时引入了双轨制与家庭联产承包责任制。在城市的国有企业中，引入合同责任制来扩大企业自主权，批准企业留存收益。两种改革都是要推行利润驱动的激励机制，尽管在工业企业中，情况并非如此（同上 2000）。

农业中取得的成果引人瞩目。从 1978 年到 1985 年，农产品中按照计划价格的交易比重从 94%下降到 37%。在工业中，双轨制没有这么成功。原油是一个测试案例，1981 年推行双重定价，政府允许将超过中央规定配额的原油以市价来出口。在 1984 年，市场机制已经触及所有的工业产品，但关键是市价受到限制，溢价不许超过 20%。在同期内，可比交易比重从 100%下降到 64%，在 1990 年为 45%（Xu 1997）。

另一方面，劳务市场的放开花费的时间更长。直到 1980 年代，雇主才以固定的工资分配固定数量的员工。市场机制只适用于新增就业。农业的丰收，过剩劳动力的出现，再加上中国的高储蓄率，让公有制经济快速发展，这反过来又增加了新的就业机会。从 1978 年到 1994 年，非公有制经济部门的就业人数增加了 318%（城市地区增加了 171%，农村地区增加了 426%），相比之下，同期国有企业就业人数只增加了 50%（Lau et al. 2000）。

到了 1990 年代，计划机制大部分已退出。到了 1996 年，计划机制在农产品中所占比重为 16.6%，在工业产品中所占比重为 14.7%，在所有生活消费品零售中所占比重仅为 7.2%（*China Daily* 22 August 1997）。

财政分权

在过去的 30 年，中央和地方政府之间的财政关系发生了很大的改变。大致存在两个阶段，突发于 1978—1979 年的分权和 1990 年代中期以后的再集权。

改革之前，中国的财政体系是高度集权的。中央和各省份间的财政关系被称作统收统支（统一收入，统一预算拨付），反映了中国生产的集权性质。各省份不会制作单独的预算，由中央合并所有的收入后再制定统一的预算。这种预算过程也涉及国有企业。

1980 年之前出现了几股新的推动力，非国有企业的快速发展、国有企业的亏损以及地方机构自主权的增强结合在一起，强烈要求对收支体制进行改革。

像其他改革一样，财政分权刚开始也是试验性的，这一次是在江苏。到了 1980 年，中央政府做出了新的收入共享安排，遵循“划分收支，分级包干”的原则。这让地方政府可以获得大量的盈余利润和所得税收入。中央和省级政府会就税收的分配签署财政合同。到了 1989 年，超过 2/3 的省份有权利留存所有的盈余收入。较多的税收留存推动了其他一些积极方面的发展。比如，通过实施激励措施，省级政府鼓励非国有企业的发展，将此作为扩大税收基础的途径。蔡和特雷斯曼（Cai and Treisman 2006）引用了由金等人（Jin et al. 2005）对 1982—1992 年 29 个省份的研究，该研究发现“较高的利润留存与就业人数快速增长，与非国有企业的发展和国有企业的较快改革有着紧密联系”。

推动财政分权也带来了一些消极影响。这反过来为应对这些挑战的进一步改革制造了压力。中央财政收入份额从1985年的39%下降到1993年的22%。1994年的改革很关键，主要就是有针对性地扭转这种局面，提高中央宏观调控水平以及建立一个更加公平的规则。

挑战尚未结束，中央政府越来越重视财政体系总体再分配的效果，以确保可以给更加贫穷的地区和贫困的弱势群体提供更多的财政支持。这些改革尤其是要解决国家层面以下支出责任的不平衡，包括无资金支持的计划指令和下级政府无力筹措盈余收入。

政府在提供社会服务中的作用

自1949年中华人民共和国成立以来，中国经历了深刻的经济重组和社会转变。基本的公共服务是人们过上充实的生活所必不可少的条件。

旧的公共服务体系的改造和与人们生活息息相关的基层改革联系在一起。改革早期人民公社解散，农业生产打破集体化，在短时间内导致以集体为基础的公共服务机构瓦解。基本的医疗和教育对大量的农村人口来说更加昂贵，更加遥不可及。在城市地区，公共资源调配拖拖拉拉，直到1990年代国有企业深化改革情况才有所好转。这方面的一个重要特征是国有企业摆脱了沉重的社会责任，以利于做出更加商业化的并由市场来驱动的转变。“取消终身的健康、教育和社会保险服务是国有企业改革和财政分权取得的第一批成果之一”（UNDP 2008）。

财政分权也带来了巨大的挑战。上一级的政权机构——省级政府和市级政府的财政状况通常要比基层的政权机构如镇政府和村委会好得多。但是基层的机构负责提供大部分社会服务。缺乏财政支援让地方层面的社会服务出现严重空白，于是相关政策规定公共服务的提供者如学校和诊所负责通过收费来解决大部分资金问题。这就转移并且最终减少了政府提供公共服务的责任。此外，还有其他的影响。在准备预算的时候，地方政府总是在建设基础设施——这会提高当地潜在的赢利能力，吸引更多的投资——和支持提供社会服务或解救亏损企业之间做出选择。对社会服务的投资不可避免地会减少。

社会保险机制与个人收入的激增相应。收入的增长让千家万户对公共服务的要求更强烈。诺兰（Nolan 2004：32）认为："越来越多地利用市场来提供教育服务的结果是'各地区——不管省内的还是省际的——人均（教育）支出的差距越来越大'……似乎，'在国家的既定目标和贫困地区教育健康服务的实际供应之间存在着显著的差距'。"

在保健方面情况类似，正如在第一章中所述，中国在健康保健方面取得的累累硕果引人瞩目。诸多改革让人们的收入大幅提高，这反过来又促使每家每户在营养和健康上的支出越来越高。同时，国家普遍地从一些社会部门相对地退出干预。联合国开发计划署（UNDP 2008）估计医疗支出在农村每户收入中所占的比重从1988年的不到1.5%上升到1995年的4.9%，再到2005年的6.5%。

自从2006年中国政府制定了"逐步实现基本公共服务均等化"的政策，有效的财政均等化（fiscal equalization）仍然是中国领导人的政策关注点。人们之间与地区之间收入差距的扩大要求在这方面给予优先关注。2003年的国民健康调查发现，疾病是导致农村贫困的首要原因，占农村贫困发生率的1/3。而1998年的调查发现，疾病仅是第三个最重要的原因。

城乡收入和发展的差距部分原因在于社会服务供应的不均衡。

公共部门改革和公务员

虽然经历了早期的多项改革，但是直到1990年代，中国政府基本的政权结构依然没有被触动。1998年，政府开始了精简机构的重大改革。“大的产业部如纺织部和机械部被废除，为一些规模较小的局所取代，……中央政府部级部门的数量由40个削减到29个……（还有）公务员的数量减少一半，从800万人减少到400万人”（Qian 1999）。广义地讲，在2005年，估计有6 200万人（或者说整个人口的5%）受雇于公共部门。

公共部门的收缩是1980年晚期进行的企业和结构改革的结果，主要是精简国有经济部门而带来的直接结果。政府部门（机关单位）和公共服务部门（事业单位）的人员在数量上依然保持相对稳定。在2006年，政府部门公务人员的广义定义被采纳，包括整个管理体系不同机构如人民代表大会、人民政协、法院等的脑力劳动者和体力劳动者。在该定义下，中国2004年有650万公务员（根据之前的定义，大约有530万）（Chou 2007），其中90%以上在地方政府工作。事业单位指的是卫生和教育部门，还有广泛的一系列市场调控机构，如银行、保险和证券机构①。

① 并非所有政府机关员工都是公务员。图2-1包含了其他非公务员的政府员工，比如政党（主要是中共）机关职员，民主党派、群众团体及宗教组织机关的职员。2006年之前，公务员数量保持在530万左右。此数字不是仅指传统意义上的公务员，而是包括所有政府机关职员，但在各级政府机关工作的体力劳动者不包括在内。[资料来源：国家统计局. 中国统计年鉴（不同年份）. 北京：中国统计出版社.]

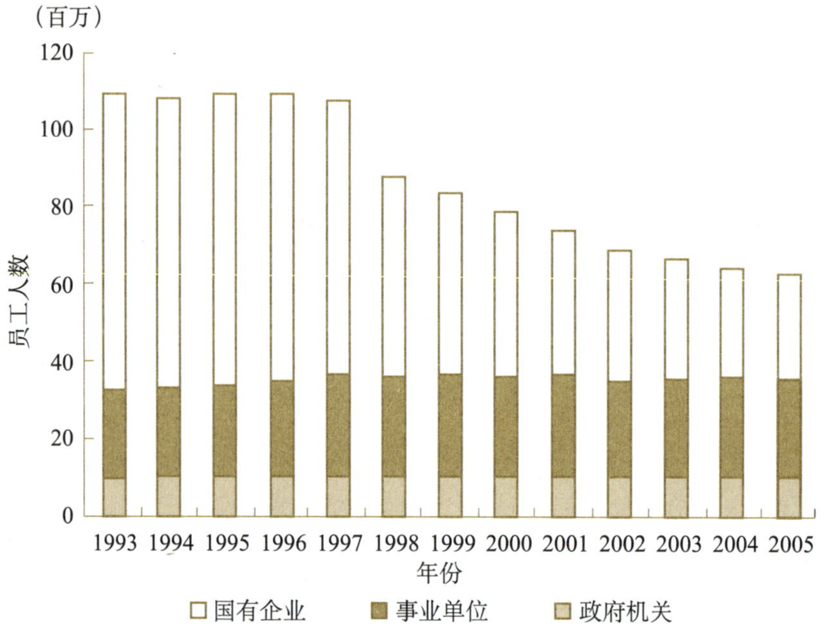

图 2-1　公共部门的规模（1993—2005 年）

资料来源：Chou（2007）.

中国强烈地意识到强力创新和实施政府的政策与改革是推动国家进步的核心。中国领导人投入大量的精力来塑造公务员队伍以应对新出现的改革挑战。经济的成功也给政府带来了额外的压力。1980 年代中期以后的国有企业改革和私营经济的发展为公务员创造了大量的机会去追求其他的事业，也为进一步的公务员改革带来了压力。公务员改革触及了从干部管理到公务员制度、人员配备、工资待遇和员工发展等方面的过渡。

这里可以强调几点：像其他的改革一样，公务员改革也经过大量的试验，并且结果有时喜忧参半。然而，改革的目的依然是减少公务员数量和使公务员队伍专业化。比如，1990 年代晚期，朱镕基制定了具体的目标，要从省级公务员队伍中裁减 47%的人员，再从国家其他各级政府减少50%的人员。最后，实际裁减的省级公务员占比在上海的4.7%到湖南的33.7%之间（Chou 2007）。

推行公开招募。终身就业——曾经是中国干部政策中的惯例——逐步退出。其他的措施包括引入更加年轻的受过良好教育的技术专家来逐步替代因为政治资历而就任的革命干部。通行做法是先试点，尤其是在省级及省级以下的政府机构。例如，为了缓解专业人才外流，吉林省在2003年末率先实行灵活的工资制度。在这种薪资体制下聘用的公务员拿到的工资是国家薪级工资的2～15倍。江苏的无锡市和广东的珠海市很快效仿。

随着经济改革的展开，国家对于地方GDP增长的投入被纳入绩效评估体系。中央很少视察各省份，也不会让省级领导分别列出所在省份的GDP增长数字。然而，近几年来，随着对发展的可持续性和减少社会不公越来越重视，其他的一些社会和环境指标也变得重要起来。地方领导追求GDP的高增长，通常忽略了像环境保护和提供社会服务等问题。

中国的企业和政府有着密切的联系。商办企业曾经为不同的政府分支部门拥有或管理，包括军队、警察和司法部门。意识到一些固有的利益冲突，1998年，政府切断了这些政府机构与商办企业之间所有的联系。

乡镇企业

乡村企业在中国有着悠久的历史。传统上，中国的务农人员会以各种方式来补贴家用，他们的收入有的来自手工艺，有的来自小的农产品加工或为乡村发展服务的乡村企业。1950年代推行的新的计划经济（command economy）扰乱了长期存在的把农产品供应者和农村经济需要联系起来的市场网络。“粮食、棉花、蚕丝、花生和大豆——

非农企业的主要供应品——在收获后立即上缴国家。实际上，在1950年代，农村是去工业化的”(Naughton 2007)。

推行的“大跃进”和人民公社让农村地区花了几年时间才恢复过来。1970年，新一波的改革浪潮尝试在“人民公社和生产大队企业”的名义下再一次重新启动农村的工业化。这次的农村工业化超越了农产品的加工，并且要突出发展“五小工业”，包括钢铁、水泥、化肥、水电和农具。这些工业一般是资金密集型的，所期待的规模经济并未实现。它们同样没有吸收太多的劳动力。

这就是1979年开始创办乡镇企业的背景。新的政策是“只要农村地区加工农产品在经济上是理性的，农村企业就应该逐步接手加工工作”(Naughton 2007)。乡镇企业为集体所有，但是被给予相当大的自由，作为市场驱动的实体来运作。在接下来将近20年的时间里，即从1978年到1990年代中期，乡镇企业成为整个国民经济非常有活力的一部分。乡镇企业的就业人员从1978年的2 800万上升到1996年的3 500万，在GDP中的比重从1978年的6%增加到1996年的26%。乡镇企业和国有企业竞争激烈，促使国有企业激励体制发生变革以应对竞争。乡镇企业并没有特定的组织形式，它们符合当地的需要和利益。浙江温州的农民利用长期存在的企业家传统开发市场机会，生产简易的消费品，比如扣子和丝带。对于这些物品，国有企业要么忽略了要么没有充分地供应。温州的农民家家户户专门生产特定的物品，并在一定程度上规模化。这样不同商品的生产链就出现了。相比之下，珠江三角洲的乡镇企业由于可以得到邻近的香港的投资而蓬勃发展起来。企业和地方政府联手创办一批迅速成长为出口型的制造工厂(Smart and Hsu 2004)。

国有企业改革和重组

在1992年以前，中国的工业是以中小企业为主导，它们中的大部分受地方政府的监管。国有企业改革始于 1995 年，首先在几个省如山东、广东和四川开展试点。小的国有企业是重点，因为国家仍然掌控大的国有企业。中国的一句口号对这一方法形容得很好，即“抓大放小”。

这一阶段，中国的经济主要是围绕中小国有企业发展。中小国有企业占国有企业总量的 95%，吸引了 57%的就业人员，贡献了 43%的国家工业产量。

> 1996 年末，在一些带头的省份，国有企业改革达到了 70%，在许多其他的省份，改革的程度也超过了一半。此外，来自国有企业和城市集体所有制企业的 1 000 万工人下岗，1997 年又有 1 150万工人下岗。虽然媒体将其作为一个大问题来报道，但是下岗本身就是改革的一大成就：以前从没有国有企业员工下岗，也没有国有企业倒闭。(Qian 1999)

随着中国在 2001 年加入 WTO，重组国有企业的计划意义非凡。传统上，国有企业的亏损由国有银行体系的贷款来弥补。随着政府精简金融机构以实现其现代化，这方面的资金被大大削减。国有企业被迫不断适应市场环境。根据 WTO《补贴与反补贴协议》(Agreement on Subsidies and Countervailing Measures)，中国要大大减少对国有企业的国家补贴。中国也同意逐步开放其金融服务领域，培育银行间的竞争。因此，国有银行通过优先贷款实现的对国有企业的补贴会大幅减少 (Bajona and Chu 2009)。

为了帮助国有企业迎接日益增强的国际竞争的挑战，中国政府采用了各种各样的改革措施。例如，改革国有企业所有制结构，实行标准化的公司管理方式来提高其生产率和效率。在 2003 年，中国政府将先前的资产管理机构升级为完整的部级机构——国务院国有资产监督管理委员会来负责监督和管理这些国有资产。隶属于中央的国有企业（与省级国有企业相对）数量已经从 2003 年的 196 家减少到 2006 年的 159 家（Shi 2007）。

金融体系改革

像其他经济领域一样，中国自 1979 年开始进行金融改革，尽管这方面要落后于其他经济方面的变革。即使在诸如银行、保险和股市领域已经引入许多变革，政府在国家的金融体系中依然扮演重要的角色。不合理的借贷政策让不良贷款大量积聚。政府以数种方式来应对这些挑战，到了 2009 年，许多这样的债务得到清理①。

亚洲金融危机进一步刺激了改革，因为领导人意识到金融危机会给实体经济带来影响。政府对金融机构的控制逐步放松。金融体系的现代化仍然是一项未竟的事业。

国内最大的金融机构为国家所有。1979 年，政府废除中国人民银行的垄断地位，设立四家专业银行，即为农村提供金融服务的中国农业银行、为投资提供金融服务的中国建设银行、为国际金融交易服务的中国银行、为营运资本提供金融服务的中国工商银行。1983 年，中国出现了双层的银行业结构，中国人民银行成为中国的中央银行。1993 年，中国人民银行放弃了所有的商业活动，为商业银行间的竞争留出余地。政府对金融机构的管控放松了，中国人民银行通过设定资金储备要求等方式越来越多地发挥着间接的作用。

从 1994 年开始的金融改革的中心在于通过将四家专业银行和城市信用合作社转变为商业银行来把商业借贷和政策借贷分开（Shirai 2002）。三家国有政策银行得以创立，即中国农业发展银行、

① 根据中国银监会的数据，商业银行的不良贷款率已经从 1979 年终的 7.09%降至 2009 年终的 1.58%。

国家开发银行和进出口银行。随着实力的增长，它们逐步从商业银行接管了政策借贷的业务。当允许外资银行在首个经济特区运营的时候，中国金融改革的过程又被向前推进了一步。后来，外资银行逐步得到许可，可以在全中国扩大其业务范围（外汇）。

1995 年，制定了新的商业银行法，这给中央银行在国务院的领导下在市场环境中运营奠定了法律基础。2001 年，加入 WTO 让金融领域向外资开放。2005 年末以来，“外资银行可以享受关于人民币业务的国民待遇”（Hofman and Wu 2009）。与在特定地区检验新想法相一致，在上海、深圳、天津和大连四个主要城市解除对人民币业务的所有地域和客户限制。

相比之下，资本市场的发展比较缓慢。1981 年，政府允许发行债券——企业债券和企业股票，在严密的监管下可以避免与信贷计划中的优先安排发生冲突（Mehran and Marc 1996）。1980 年代末开始启动股票市场。1988 年和 1990 年在选定的几个城市发起的债券市场发展迅速。中国的债券发行量占 GDP 的 34%，在亚洲位列第三，仅次于日本和韩国（Maswana 2008）。

然而，这些改革总的目标是要强化金融领域，并让它为进一步更加重要的改革做好准备。虽然金融领域的发展使日益增多的储蓄转化为投资，降低了交易成本并促进了金融机构的多样化，进而从总体上推动中国的发展，但是研究表明非公有制企业的资金来源主要是留存收益或者大股东的积蓄而不是银行信用贷款或资本市场（Aziz 2002）。中国的资金融通主要以银行为基础，并由四家国有商业银行主导。债券和股票市场仍然处于早期的发展阶段。不过，非国有银行和非银行金融机构的发展已经帮助把金融服务延伸到国有银行之前并不活跃的领域（Cheng and Degryse 2009）。

参考文献

Aziz, J. and D. Christoph. 2002. 'Growth–Financial Intermediation Nexus in China', IMF Working Paper, Asia and Pacific Department, WP/02/194.

Bajona, C. and T. Chu; 2009. 'Reforming State Owned Enterprises in China: Effects of WTO Accession', *Review of Economic Dynamics*, 13(4): 800–23.

Branstetter, L. and N. Lardy. 2006. 'China's Embrace of Globalization', Working Paper 12373, National Bureau of Economic Research.

Cai, H. and D. Treisman. 2006. 'Did Government Decentralization Cause China's Economic Miracle?', *World Politics*, 58(4): 505–35.

CBRC. (2007). Report on the Opening Up of the Chinese Banking Sector, China Banking Regulatory Commission (CBRC), January.

Cheng, X. and H. Degryse. 2007. 'The Impact of Banks and Non-bank Financial Institutions on Local Economic Growth in China', *Journal of Financial Services Research*, 37(2–3): 179–99.

Chiang, L. 2009. 'China 2008 FDI Rises 23.6 pct to $92.4 Billion', *Reuters*, 14 January 2009.

Chou, Kwok Ping. 2007. 'China's Civil Service Reform: Success and Pitfalls', EAI Background Brief No. 338.

Deng, X. 1984. 'We Can Develop a Market Economy under Socialism', in *Selected Works of Deng Xiaoping (1975–1982)*, First edn. Beijing: Foreign Languages Press.

———. 1994[1987]. 'We Shall Speed Up Reform', 12 June 1987, *Selected Works of Deng Xiaoping 1982–1992*. Beijing: Foreign Languages Press.

Hofman, B. and J. Wu. 2009. 'Explaining China's Development and Reforms', Commission on Growth and Development. Washington DC: World Bank.

Jin, H., Y. Qian, and Barry R. Weingast. 2005. 'Regional Decentralization and Fiscal Incentives: Federalism, Chinese Style', *Journal of Public Economics*, 89(9–10): 1719–42.

Lau, L.J., Y. Qian, and G. Roland. 2000. 'Reform without Losers: An Interpretation of China's Dual-track Approach to Transition', *Journal of Political Economy*, 108(1): 120–43.

Laurenceson, J. and J.C.H. Cai. 2003. *Financial Reform and Economic Development in China*, Advances in Chinese Economic Studies Series. UK: Edward Egler Publishing Limited.

Maswana, J.C. 2008. *China's Financial Development and Economic Growth: Exploring the Contradictions*, EuroJournals Publishing, Inc. 2008, Issue 19.

Mehran, H. and Q. Marc. 1996. *Financial Reforms in China, Finance and Development.* Washington DC: International Monetary Fund (IMF).

Meyer, R.L. and N. Geetha. 2000. 'Rural Financial Markets in Asia: Policies Paradigms, and Performance', Study of Rural Asia: Volume 3, Asian Development Bank, International Research Journal of Finance and Economics.

Naughton, B. 1985. 'False Starts and Second Wind: Financial Reforms in China's Industrial System', in Elizabeth J. Perry and Christine Wong (eds), *The Political Economy of Reform in Post-Mao China.* Cambridge: Council on East Asian Studies, Harvard University.

———. 2007. *The Chinese Economy: Transition and Growth.* The MIT Press.

Nolan, Peter. 2004. *China at the Crossroads.* Cambridge, UK: Policy Press.

Qian, Y. 1999. 'The Process of China's Market Transition (1978–98): The Evolutionary, Historical, and Comparative Perspectives', Stanford University, Department of Economics, Working Papers, J.RePE c:wop:stanec:99012.

Qian, Y. and J. Wu. 2000. 'China's Transition to a Market Economy: How Far across the River', Center for Research on Economic Development and Policy Reform, Stanford University.

Sachs, J.D. and W.T. Woo. 1994. 'Structural Factors in the Economic Reforms of China, Eastern Europe, and the Former Soviet Union', *Economic Policy*, 9(18): 102–45.

Shi, C. 2007. 'Recent Ownership Reform and Control of Central State-owned Enterprises in China: Taking One Step at a Time', *University of New South Wales Law Journal*, 30(3): 855–66.

Shirai, S. 2002. 'Banking Sector Reform in the People's Republic of China—Progress and Constraints', Chapter III, in *Rejuvenating Bank Finance for Development in Asia and the Pacific.* United Nations and Asian Development Bank.

Smart, A. and Hsu, J. 2004. 'The Chinese Diaspora, Foreign Investment and Economic Development in China', *The Review of International Affairs*, 3(4): 544–66.

United Nations Development Program (UNDP). 2008. *Human Development Report China 2007–08: Access for All—Basic Public Services for 1.3 Billion People.* Beijing: China Translation and Publishing Corporation.

Xu, L.C. 1997. 'The Productivity Effects Of Decentralized Reforms—An Analysis of the Chinese Industrial Reforms', World Bank Policy Research Working Paper 1723.

第三章

为什么说标准的解释是不充分的

中国改革一个显著的特征是它那“不墨守成规”的性质。“华盛顿共识”长期以来是全球政策的核心参考：如果没有固定的商业法则、私有制和运行的市场，国家就不能发展；而且为了让市场能更有效地发挥作用，价格需要反映稀缺价值，以便能够更有效地分配商品和服务。然而，近年来，这套核心的有关社会发展的设想受到越来越多的质疑，尤其是在中国和东盟国家的实际发展经验面前。“华盛顿共识”的领袖之一兼世界银行主席吉姆·沃尔芬森（Jim Wolfensohn）于2004年在上海举行的全球扶贫会议上宣布“‘华盛顿共识’已名存实亡，所以我们就别再谈论它了”，这场辩论似乎在某些方面已经画上了一个圆满的句号。

在从计划经济体制向市场经济转变的过程中，中国和东欧的国家都经历了相似的两个阶段的改革过程。匈牙利、波兰和苏联改革较早，但是它们在1990年之前就改革所做出的努力通常被认为是不太成功的。1992年，对于东欧的经验，科尔奈（Kornai）总结道，“虽然产生了一连串有利的变化，但是改革（在社会主义国家）注定要失败”（Qian 1999）。这次失败为政治变革创造了条件，继而再次激发了向市场体制过渡的努力。有些评论员断定1990年之后这些国家“大爆炸式的”巨变是领导人和统治精英们对早期重建社会和经济体制并不成功的努力做出的反应。

相比之下，中国在“大跃进”和“文化大革命”之后，于1978—1979年引入了经济社会工程的改革。东欧经验和中国经验的差异在于中国的第一阶段取得了巨大的成功，第二阶段的改革建立在第一阶段取得的成就之上。

经济学家和记者们就解释中国发展现象进行过长期而且有时激烈的辩论。近来，由既是记者又是商务作家的杰姆斯·金奇（James Kynge 2007）和特德·费什曼（Ted Fishman 2005）所著的书让人们产生一种中国迅猛的发展让西方的观察家们既着迷又担忧的感觉。有些人对中国的成功表示钦佩，其他一些人断定中国的发展是一个有待刺破的泡沫，还有一些人认为中国的经历与东亚其他快速发展的国家如日本和韩国毫无差别。

虽然他们观点各异，但是大部分解释是源于新古典主义经济学的基本原则。由于持有中国的发展与其他快速发展国家的发展道路毫无二致的观点，有些经济学家断定中国的增长率会逐渐慢下来，降至个位数。中国能否像在过去的30年一样持续发展?《金融时报》经济通讯员马丁·沃尔夫（Martin Wolf 2005）断定中国唯一例外的特征是其规模。要不然，它就处在日本和韩国走过的道路的早期阶段。的确，如果更有效率的话，中国可以发展得更快。在增量资本产出比率（incremental capital output ratio，ICOR）（一种衡量总体投资效率的方法）方面，日本在1960年代和1970年代的ICOR接近3，韩国的ICOR在2和3之间，而中国的ICOR为5。

中国主要的观察员如萨克斯（Sachs）和沃（Woo）设想，随着农业剩余劳动力被重新引向生产率更高的制造业，基本的双领域增长模型能够捕捉中国增长中发挥作用的基本力量（see Sachs et al. 1994；Woo 1999）。中国农村地区巨大的劳动力资源使得工资水平较低而投资收益较高。但是许多国家有着相似的条件，而问题是为何其他国家没有发展得同样快？

与斯蒂格利茨这样的经济学家的研究相一致，本书将以更加宽泛的历史政治经济学的视角，审视改革与中国总的指导性的构想之间的相互影响，分析市场的作用而不是所有制以及制度、政府和人民之间的复杂关系。但是所有那些都会被纳入一个分析框架，该框架试图确定引起经济社会发生变革的基本力量。

发展与生产要素

由于传统的发展理论只承认有限的驱动增长过程和经济发展的要素，因此先梳理其主要的论点然后在更广的分析框架下较好地辨识中国发展的方方面面或许有所帮助。

传统经济学的核心是生产函数。产量是将生产要素——资本和劳动力结合在一起的函数。通过增加劳动力或资本，公司、产业和经济领域的产量更多，由此获得更高的增长率。

当我们加入新的生产要素如科技或者将质量方面纳入考虑以反映工人的技术水平时，该函数或解释会变得更加复杂。熟练的工人与更好的技术和科技相结合有可能带来高产量。历年来，在解释为何有些国家比其他国家做得好时，科技的进步和人力资本成为重要的因素。受过培训而又熟练的劳动力明显会影响一个国家的前景。其实，东亚模式的成功大部分要归因于这一生产要素。例如，拉德莱特等（Radelet et al. 1998）给出证据表明优质制度、教育和总人力资本储备（东亚和东南亚在1970年的识字率为73%）的重要性，同时也展示了人力资本加上外向型的贸易政策如何让这一地区处于有利位置继而开启了高速增长的趋势。

这一部分首先概述不同生产要素对中国经济增长所起的作用，然后再讨论充分解释中国持续快速发展方面的局限。为了填补空白，还会介绍许多冲突的观点和其他的驱动因素，从而为构建更广的分析框架做好准备。

生产要素的积累

在中国这个案例当中，许多人同意资本的积累和劳动力队伍的扩大在总体的增长中发挥的重要作用。过去的几十年，资本储备和劳动力都有了大的增长，在此过程中推动着经济的扩张。

几个研究表明，改革之后，总的劳动力每年在2%和3%之间增长。但是，关于它们对GDP贡献的估计呈现差异（见图3-1）。在1978—2003年及1978—2004年，德克尔和范登布鲁克（Dekle and Vandenbroucke 2006）与博斯沃思和科林斯（Bosworth and Collins 2006）的研究中贡献率分别为2.5个和2个百分点；在1978—1998年这段时间，奥和福尔基蒂尼（Ao and Fulgitini 2005）的研究中贡献率少于半个百分点，而根据郑等人（Zheng et al. 2006）的研究，贡献率低于一个百分点。如果把时间段分为1993年前和1993年后，博斯沃思、科林斯和郑等人都断定劳动力增长在前期的效果是后期的两倍①。

对于资本，中国像大多数发展中国家一样在改革之初是限制资本的——在改革之前，储蓄平均仅占每户收入的2%，与后来的35%～40%形成对比（Naughton 1994a）。改革开始以后，较高的家庭储蓄率再加上（后来）较大的外商直接投资的流入为大量的资本积累提供了空间。以1993年为界，前期资本储备每年增长大约9%，后期则高达12%②。

虽然就资本的快速积累对中国的增长意义重大普遍可以达成共识，但是对于其贡献的大小则存在相当大的认识差异。博斯沃思和科林斯（Bosworth and Collins 2006）与奥和福尔基蒂尼（Ao and Fulgiti-

① 博斯沃思和科林斯发现前后期的增长贡献率分别是2.5%和1.2%，郑等人的结论是1.25%和0.55%。

② See, for instance, Zheng et al. (2006), Ao and Fulgitini (2005), or Woo (2001).

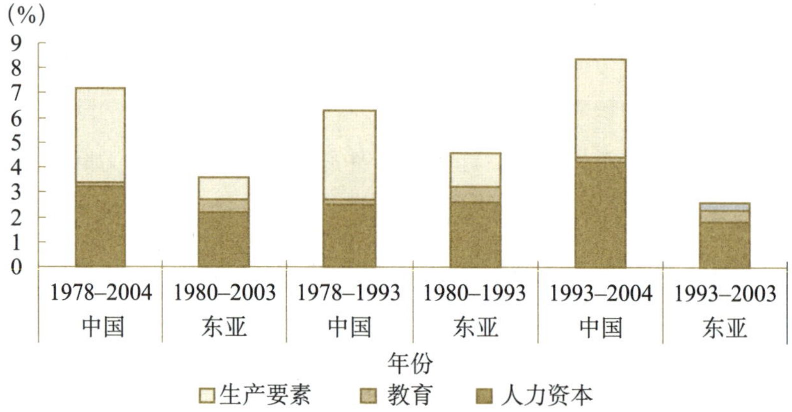

图 3-1 中国和东亚的资本与劳动力份额

资料来源：Bosworth and Collins (2006).

ni 2005) 分别发现贡献率为 2.5 个百分点 (1978—1993 年) 或 3.2 个百分点 (1978—1998 年)，在 1978—1993 年，郑等人 (Zheng et al. 2006) 和沃 (Woo 2001) 则分别提出贡献率 4.3 个和 4.8 个百分点。如果比较不同时期，同样存在较大差异。正如研究表明，对于 1993 年以后的时期影响更大 (在博斯沃思和科林斯的书中为 4.2 个比 2.5 个百分点，在郑等人的书中为 6.0 个比 4.3 个百分点)。

这些差异表明一个重要的争论点。有些经济学家主张生产要素——尤其是资本——的积累和它们在经济中改进的分配几乎可以解释中国所有的增长现象①。其他人把这些看作众多要素中的一些，他们强调其他方面和更加复杂的增长动力的重要性，包括是什么导致了被有时当作外因的生产要素的积累。

分析外资流入的作用在这里可以提供背景帮助。值得指出，开始的时候，实际上外商直接投资的流入只有在 1990 年代中期以后才扩大规模 (见图 3-2)，而当时高增长已经持续了十多年。

① See Young (2000), Woo (1998), and Sachs and Woo (1997).

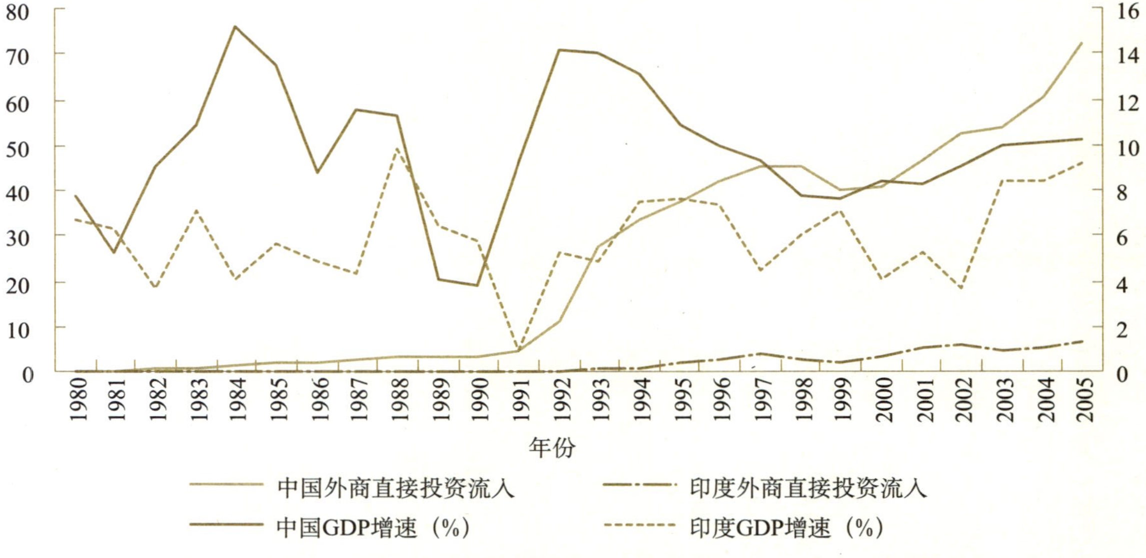

图 3-2　中国和印度的外商直接投资流动（现行美元货币，以十亿为单位）

资料来源：UNCTAD（2004），IMF（2009）.

注：数据统计存在部分争议，这可能影响到资本增长率及其对GDP的贡献率两项数据的估算（Holz 2006a）。数据走势不受影响。

生产要素再分配

除了生产要素的积累——不管是在量上还是在质上，经济还可以通过让它们得到更有效的分配来增长。利用生产要素来展现最大的投资回报，经济可以让每个投入单位的产出最大化。在分配次优化的经济体中，可以仅通过转移生产要素的使用——通常从一个部门到另一个部门获得效率收益。

在改革之初，中国的劳动力是在集体化而又高度缺乏效率的农业部门工作①。通过破除集体化和建立家庭联产承包责任制为其他更有生产效率的生产方向和部门释放了大量的劳动力。从事农业的人口比重很高——75％——放大了生产率提高的效应，这一点通常被用来说明类似的改革在俄罗斯、波兰和东欧其他过渡性的经济体中不会产生相同的结果，因为这些国家的农业部门劳动力参与程度相当低②。

同样，计划经济让经济环境扭曲，让相对稀缺的资本被引向重工业，几乎不考虑生产要素的分配及相关的竞争力（Lin et al. 2004）。这种政策既减少了资本的盈余回报，也让其他经济部门缺乏资金。当政策放松与早期改革产生的剩余资金结合到一起时，更多自由的资本就可以支持其他经济成分的扩张，包括利用农业改革所释放的劳动力的更多劳动密集型产业。

大家一致认为，由于改革而成为可能的劳动力和资本再分配为之前实际上并不存在的经济部门——尤其是轻工业和服务业的扩张打开了方便之门，而且由这些部门的相对稀缺性所带来的高收益成为第一阶段改革成功背后的重要因素。

---

① 然而，虽然国家对农业的投资十分有限，农业产出在第一个五年计划期间仍然迅速增加，增长率达到年均4％左右（Worden et al. 1987）。

② 在俄罗斯和波兰分别是14％（Sachs et al. 1994）和26％（Dries and Swinnen 2002）。

这让劳动生产率发生了巨大而又积极的转变——在 1980—2000 年翻了一番（见图 3-3）。这种生产率的提高使粮食增产和劳动力从农业向工业和服务业的持续再分配成为可能（见图 3-4）。在改革进程的第一阶段，这种再分配尤其重要。布卢姆等人（Bloom et al. 2006）发现劳动力在部门间的转移为 1970—1980 年的发展贡献了 2.3%的增长，为 1980—2000 年贡献了 1.3%，可是沃（Woo 1998）估计的数值稍低一些，在 1978—1993 年为 1.1%。

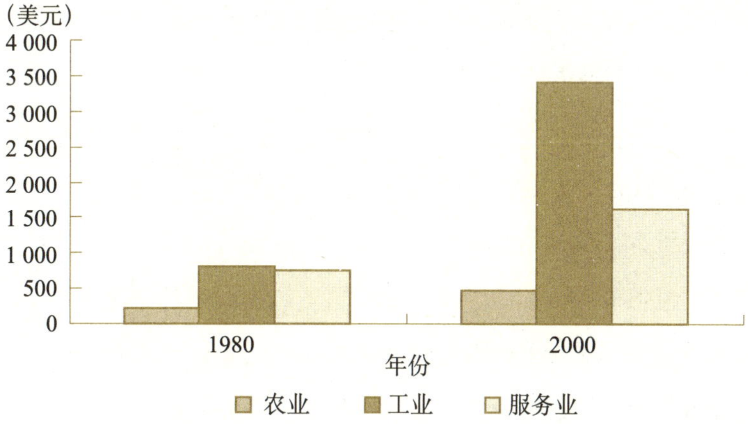

图 3-3　劳动生产率：各部门人均 GDP

资料来源：Database of National Bureau of Statistics (NBS) of China. Available at http: //219.235.129.58/welcome.do.

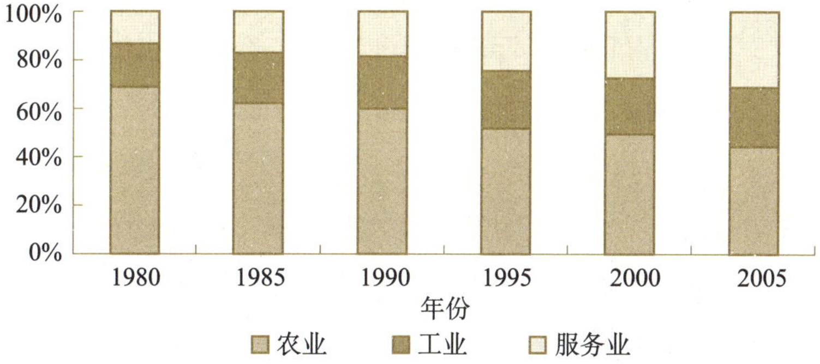

图 3-4　各部门的劳动力分配

资料来源：Bloom et al. (2006).

关于资本，有证据表明改革之前的中国饱受重工业投资过多之痛。从1978年开始，政府着手转变投资策略。1981年，政府把在新工厂和新服务设施上的投资减半，同时越来越重视现存设施的升级改造和对轻工业与消费性产业的投入。随着劳动力由农业向其他经济部门的再分配，投资也会相应地转移到生产效率更高的产业（Naughton 1995）。

虽然就此可以达成相对的共识，但是关于生产要素分配利润效率的高低及其对过去和未来增长的影响意见并不统一。很明显，通过市场来分配的土地仅从2002年的15%上升到2003年的30%，而政府部门和国有企业在2002年占信贷分配的65%（Ministry of Land and Resources，PRC 2007）。

许多批评性的观察员认为，资本的充裕和对信贷流出的持续管控导致了过量供应和分配缺乏效率，削弱了过去的增长，对资本生产率的侵蚀也达到了史无前例的程度。根据这种分析，考虑到中国增长对资本投入高度依赖的假设，这种日益严重的低效会不可避免地大大减缓未来的增长速度。

同样地，通过官方注册制或者叫户口制，劳动力的迁移在很大程度上受到限制，尽管迁移到城市的工人中大约不到一半会通过官方的渠道这么做。沃雷和张（Whalley and Zhang 2007）测试了取消户口制可能产生的影响，发现这种措施会让GDP一次性增长6.9%，而且大约会有1亿7 500万人进一步迁移。有趣的是，根据人力资源和社会保障部的统计，2008年流动人口的数量为2亿。从部门的角度来分析，博斯沃思和科林斯（Bosworth and Collins 2006）估计，2004年虽然第一产业的就业人数占47%，但是它对国民增加值的贡献率仅为9%，第二和第三产业部门的就业人数占22%和21%，对总增加值的贡献率分别为58%和33%。

虽然效率低下本身一般不会引起争议，但是在它对增长过程的影响方面却有意见的分歧。显而易见，从已经实现的增长率来看，效率低下的影响似乎是次要的。虽然我们可以（有时）争论，随着中国经济呈现更多传统的特征，这种影响越来越有破坏性，但是从当前的增长率似乎看不出这种影响的迹象①。

第二条推理是分配仍旧不完美，还有相当的潜力获得进一步的利润收益——因此在将来会进一步地发展。研究再一次证实了这一点。张和谭（Zhang and Tan 2007）指出，如果转移10%的农村农业劳动力就有可能带来8.8%的GDP收益。此外，如果从城市向农村地区转移10%的资本就可以让GDP增长3.9%。

生产率收益

在新古典经济学模型中，经济的增长长期来看并不是由生产要素的积累决定的，因为当资本和单位劳动力产量最大化的时候，所有的生产要素会汇聚成一种稳定均衡的状态，假如储蓄率一定的话。那么，长期的增长是来自生产要素利用效率的改善，这一概念被称作全要素生产率（TFP）②。

TFP在增长会计实务中用来表示生产要素数量或质量的改变不能解释的残差效应。因此，这个概念本来就有多种定义和解释。一些经济学家将科技、人力资本和部门生产结构等因素纳入对TFP的评估，而其他一些人选择把其中的一个或几个要素拿出来，然后仅把剩余的

---

① 此处仍然存在数据可靠性的问题，尤其是资本的估算。整体性的固定资产数据无法得到，而且固定资产估算本身除净固定资产之外还包含三项无法测算其对生产率贡献程度的项目（Holz 2006b）。

② 该概念源自阿卢瓦利亚和切纳里在测算各国国家收入中资本与劳动力的份额时所得到的令人吃惊的结果。他们发现这两个要素对国民经济的贡献被低估了，从而产生了怎样理解各国经济增速差异的问题。

要素列为 TFP。

在中国，关于 TFP 增长的速度和重要性的辩论既涉及整个经济体也涉及经济的各个构成领域①。怀疑中国改革路径独特性的经济学家如沃（Woo 1998）和扬（Young 2000）等所做的几个研究认为中国的 GDP 增长被高估，并且明确地断定 TFP 的增长要比通常认为的低得多。二者都说中国的增长——还有早期东亚快速发展国家的增长——主要是由生产要素的积累和分配驱动的。对于中国改革以后的表现，扬认为"可敬，但并不突出"，TFP 每年增长 1.4%，而且主要是集中在农业领域。像扬一样，沃（Woo 1998）认为 TFP 的增长实际上大部分是生产要素再分配的结果，因此是短暂的，看不出任何基础结构改进的迹象。他估计从 1979—1993 年，TFP 净增长仅在 0.7%到 2.2%之间，对同期增长大约贡献了 1.2 个百分点，而且大部分是在前几年②。

然而，其他人认为 TFP 增长不仅远快于此，而且还是中国增长背后潜在的关键因素。郑等人（Zheng et al. 2006）估计 TFP 增长在 1978—1993 年为 4.15%，在 1993—2005 年减缓到 2.45%。博斯沃思和科林斯（Bosworth and Collins 2006）发现在 1978—2004 年这段时间，TFP 每年增长 3.8%，但是 1993 年以后表现得要稍微好一些。奥和福尔基蒂尼（Ao and Fulgitini 2005）运用两种不同的方法总结到：在 1978—1998 年，TFP 增长在 3.4%到 3.7%之间。胡和卡恩（Hu and Khan 1997）发现每年的 TFP 增长为 3.9%，解释了 1979—1994 年间中国高于 40%的增长速度（见图 3-5）③。

---

① 农业领域的研究见 Nyberg and Rozelle（1999），Fan and Zhang（2002）。国有部门的研究见 Bigsten et al.（2003）。外资领域的研究见 Whalley and Xin（2006）。

② 沃进一步指出："当考虑进非法移民的因素后，农业领域的劳动力转移在整个时期占 TFP 增长之比达 37%～54%，在第二个时期达 45%～100%。"

③ 也参见 Wang and Yao（2001），Borensztein and Ostry（1996），Fleisher and Chen（1997），and Chen（1993）.

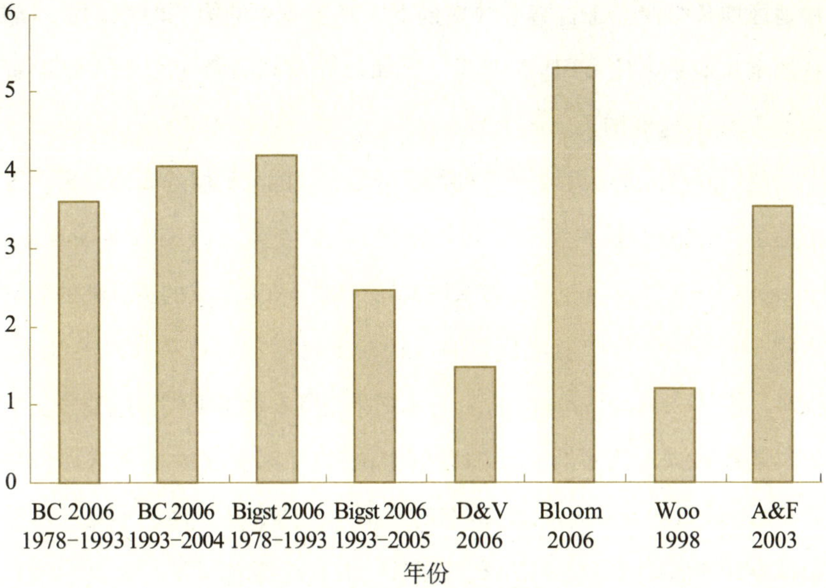

图 3-5 TFP 对中国经济增长的贡献

资料来源：Bosworth and Collins (2006)，Bigsten et al. (2006)，Delke and Vandenbroucke (2006)，Bloom et al. (2006)，Woo (1998)，and Ao and Fulginiti (2005).

一般而言，这些研究似乎同意中国 TFP 的增加在改革早期的增长中占有重要分量，为 30%～58%（Xu 1997）。原因总结如下：第一，家庭联产承包责任制带来农村改革的成功，让农业生产率急剧上升。第二，乡镇企业和相关的改革鼓励工业企业、管理人和工人提高效率，因为他们需要在市场的环境中发挥越来越大的作用；还有“劳动力参与的提高、受教育程度的改善、农业劳动力的转移以及后来中国与发达经济体不断缩小的科技差距”(Zheng et al. 2006)。

不过，TFP 的增长在中国改革的第二阶段似乎慢了下来。张（Zhang 2002）按照时间顺序对 TFP 的评估表明其从 1993—1998 年呈下降趋势。郑和胡（Zheng and Hu 2006）就 1995—2001 年确认了这一点，它在同期总的 GDP 增长中仅占 7.8%。这一时期正巧遇到农村地区增长缓慢，工业普遍效率低下。对于改革的第二时期，资本储备的增长似乎要比 TFP 更重要。比如，资本储备每年以令人难以置信的 12%的速度增长（同上）。

值得注意的是，几项研究批判了扬对东亚国家类似的研究结果严重低估了 TFP 的增长。克莱诺和罗德里格兹-克莱尔（Klenow and Rodriguez-Clare 1997）表示，如果用人均产量——有争议的更有趣的测量方式——来代替总产量，TFP 的增长在产量增加中占有较大的比重。同时，谢（Hsieh 1999，2002）表示如果用资本价格来代替饱受争议的资本储备数据，几乎所有扬的案例中的 TFP 都会有大幅提升。诺顿（Naughton 1994a）认为，因为忽略了搜集价格数据方面的不足，对于改革早期的估算都低估了 TFP 的增长，而且沃等人（Woo et al. 1994）出于同样的原因尝试纠正这一问题也未成功。

TFP 的计算被进一步拓展，既包括科技转移又要捕捉其中外来资本的作用。对于中国而言，许多评论员相信外商直接投资引导的科技转移可以解释相当大一部分的增长（Sachs 1997；Wu 2001；Hale and Long 2007）。姚和魏（Yao and Wei 2006）断定在 1979—2003 年间，虽然总投资仅增长 5%，但是外商直接投资对总体科技进步的贡献率达到了 30%。[①] 沃雷和辛（Whalley and Xin 2006）估计在 2003 年和 2004 年，外商企业大约贡献了 GDP 增长的 40%。这给总增长增加了 3.4 个百分点。还有王和姚（Wang and Yao 2001）与弗莱舍和陈（Fleisher and Chen 1997），他们审视生产率的地区差异，估计从改革开始以来，科技进步为总产量的增加贡献了 1/3（见图 3－6）。

① 值得注意的是科技进步的年增长率在东部省份可达 4%，在中部省份仅为 2%，西部省份更少于 0.2%。

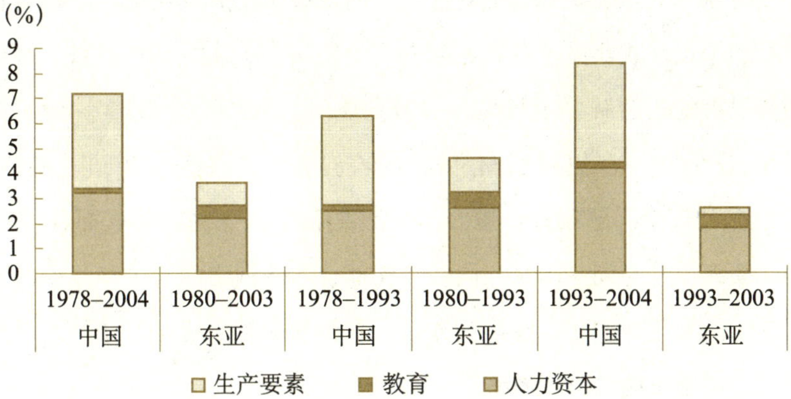

图 3-6　东亚地区相比之下的 TFP 的贡献

资料来源：Bosworth and Collins（2006）.

TFP：一个寻找理论支撑的概念

伊斯特利和莱文（Easterly and Levine　2002）运用横向和纵向的数据，通过大量的比较来考察是什么驱动了不同国家和不同时期增长的差异，他们得出结论："毋庸置疑，答案是 TFP，而不是生产要素的积累。"根据实证研究，他们估计，TFP 的提高平均让每个工人的产量大约增加 60%。这反过来也导致学者们指出当前缺乏实证和理论研究来"为模糊的术语 TFP 提供更多的形和质"。

普雷斯科特（Prescott　1997）对 TFP 这一概念的重要述评抓住了用其解释不同国家收入差异时它本身固有的问题。他的基本结论是，TFP 作为经济发展理论经不住考究，因为储蓄率的差异仅仅能够解释很小一部分国际收入差异。

这些研究表明了评估国家生产率高低方面各种各样的结果，但是更为深刻地说明了运用 TFP 概念来解释不同国家之间或者同一国家不同时期的增长差异是不充分的。TFP 增长评估没有给出有用的答案，但是如果被当作寻找解释的开始或许更有意义。

全世界的实证研究都指向这一方向，表明生产要素甚至不能解释短期的增长模式，更不用说长期表现的差异。在某些方面，TFP 在对增长过程的任何解释中依然是“残留物”“黑匣子”。其实，费利佩（Felipe 1997）在他对亚洲 TFP 增长的述评中更进一步地总结道，TFP 基础理论问题很多，以至于应该把整个概念抛弃掉，而且 TFP 的结果哪怕针对同一国家和同一时期都会随着做出的假设和运用的数据来源的变化而变化。在某些方面，我们又回到了起点，需要去理解驱动经济增长的动力和政策。

制度环境：私有财产和市场

传统的经济学框架是建立在一套制度假设上的，包括可靠的私有财产权利、法治、能够反映商品和服务稀缺性的带有定价机制的具有竞争性的市场、新的生产者的自由进入、政府给予企业自主权等等。近年来，一些经济学家非常重视这些制度和相关政策的设计，他们认为正确定价是不够的，甚至在制度环境不好的情况下是不可能的——这是新古典主义经济学理论和西方经济实践给出的阐释。

在中国，这些最初的制度条件大部分还没有实现。虽然改革包括越来越趋向建立规范的市场体系、价格改革和市场准入体系、完善的法治，以及政府对经济活动干预的减少，但是这些都是一点一点逐渐进行的。中国的改革遵循一条与大多数过渡经济体完全不同的发展道路——在那些国家，上述改革一般是以快速的方式引入的，中国每一步都走得很谨慎，根据试点或实际需要推行部分改革，实行渐进的改革。

许多经济学家对中国另类的制度尝试表达了强烈的批判。最初他们认为，如果没有一套标准的制度，增长绝对不可能突飞猛进。随着增长的势头持续不减，这一论点得到了完善，他们重新提出由于中国的经济制度越来越接近标准的新古典主义经济制度，因此它已经开始带来增长的成果。

这种观点是基于这样的假设：政策过渡期没有必要——确实，如果在改革之初标准的政策和制度就已经到位的话，那么发展原本可以更快。持有这种观点倾向的经济学家通常主张，中国渐进式改革的支持者从政治需要中取得了经济价值：改革的循序渐进主要是因为缺乏共识，并不是选择的结果，如此都不能算是一种有意识的策略；另一方面，其他过渡性的国家曾数次尝试渐进式的改革，结果每次都以失败而告终（Sachs and Woo 2002；Sachs 1993）。

财产权

在标准的经济理论中，增长的基本条件之一是明确的私有财产权利的存在，基于此，掌握消息而又理性的演员——消费者和生产者会根据他们的喜好就如何分配可处置的资源做出符合自己利益的决定。

那么对于过渡性的国家，确立可靠的私有财产权利和公有财产的私有化——再加上宏观经济的稳定和价格的放松——属于改革早期必须采取的最基本的步骤。

直到最近，中国的经济还远没有基于这样的财产权利。对于有争议的土地问题，政府仍然是唯一的土地供应者，但是在需求端可以存在竞争，价格通过报价或拍卖来设定，尤其是对于那些用于城市开发的土地。中国改革的进程，尤其是前期，赋予了私有财产比较次要的角色，但是却产生了这样令人吃惊的增长，这一事实与多数传统经济学家的预料完全相反。

相反，中国的经验似乎表明，如果有恰当的激励结构，公有制下的经济成分可以运行得很好，甚至在没有正式财产权的情况下，剩余索取权（residual claimant rights）和严格的预算限制也能确保较高的经济效率。乡镇企业是这方面最明显的例子，它们远不是私有实体——实质上算是地方政府的一部分，成为地方政府潜在的巨大的收入来源，但是它们也存在于国有企业受保护的环境之外（Naughton 1994b）。当然，这未必意味着长期保留巨大的国有经济部门是一项合适的策略。其实，几位学者认为，在中国保留国有企业产生了积极的影响，可以在短期和中期稳定经济，尤其是稳定劳动力市场（Naughton 1994a）。

市场/价格放松

在社会主义经济，引入市场的基石是放松价格管制——既涉及商品也涉及生产要素，并且生产者和购买者都可以自由进入市场。

中国进行明确的价格改革相对较晚，而且采用的是循序渐进的方式。1982 年引入市场机制以后，1993 年就取消了能源市场的“双轨制”[①]。许多经济学家用强烈的措辞来对此进行批判，他们认为，放松价格管制是经济正常运行的基础，必须立即充分地实现，不然就会妨碍增长，很有可能导致改革努力的失败（Murphy et al. 1992）。

其他的评论员认为，中国展示的价格改革确实可以逐步进行。通过开辟市场轨道，让其与计划轨道并列运行，允许国有和非国有的经济主体在市场机制下卖出它们的产品——在完成计划分配的限额以后，改革者们推进价格的逐步调整。久而久之，市场机制下生产的比重越来越大，所有的价格水平趋于一致。有人认为，自计划经济决策边缘化以后，市场机制的存在就足以确保效率——计划机制被视为仅仅起到定额税（a lump-sum tax）的作用（MacMillan and Naughton 1992）。

然而，宽松的进程仍在持续。例如，到了 2003 年，生产价格的 87%、零售价格的 96%、农产品价格的 87%都由市场决定。多于 2/3

---

① 用诺顿的话来说（Naughtom 2008：118），就是“1993 年底取消物资按计划分配之后，‘双轨制’被一举消灭”。

的中国GDP现在产生于广义的私营（非国有）经济部门，而且私营经济部门在提供就业机会方面占有更大优势（OECD 2009）。产品市场和农业市场现在得到了良好的融合，过去地方保护主义问题的重要性似乎在下降，资本的流动性在改革期间有所提高（OECD 2009）。现在，正式工作和非正式工作的工资主要由市场力量来决定。

政府依然控制或影响关键生产要素如土地和资本的定价。通过补贴和价格管控，重要生产投入像土地、电、公用设施包括水的价格保持较低水平。在许多情况下，土地以低廉的价格来供应。比如，电以成本价的一半提供给外商直接投资。因为改革期间持续增长的储蓄率而成为可能的廉价金融为许多大公司和国有企业的雄心壮志买了单。尤其是地方政府在驱动投资中起到了积极的作用。房地产投资在为地方预算融资（对此，中央政府有时影响有限）中起到了而且会持续起到关键性的作用。重要的是，劳动力、资本和土地的价格都要受到对流动性和人口迁移限制的影响，尤其是受户口注册制度的影响，户口会限制农村流动人口享受城市地区的教育、医疗和其他服务（Hope and Lau 2004）。

★★★

对中国增长标准解释的不充分部分在于嵌入新古典主义经济思维。基于新古典主义解释，最自然的结论（或其他变体）是中国的增长只是暂时发生的，此后，很多的缺陷会让它慢慢地停下来。其实，这是许多或大多数评论员在改革早期的预想。然而，结果恰恰相反。经过30年的改革，中国比以前发展得更快——在2006年，获得了11年来最高的增长率，即10.7%，名义GDP水平达到了26 800亿美元[①]。

此外，对于标准的新古典主义增长驱动力在中国的影响规模存在

① 中国日报，2007-01-26.

较大的分歧。如果“落后的优势”像农业部门较大、资本短缺、科技水平低等是决定因素的话，为什么我们看不到更多像中国这样成功的案例？如果生产要素再分配的收益是关键，鉴于这样的收益从定义上讲是短暂的，我们怎么解释中国在其增长和改革过程中表现出来的可持续的势头。如果生产要素的分配和对经济主体的激励都是无效的，那么如何在这么长的时期实现这样的高速增长？为何早期关于失败的预言都没有兑现？

为了理解中国的改革，经济学家们提出了许多不同的创新性的解释。其中之一是关于经济的连贯性，并且认为中国的改革有着内在的逻辑，各项改革之间有着强烈的相互影响，可以支撑单项改革的开展（Fan and Woo 2009）。如果改革的不同部分出现了不连贯，改革的瓶颈就会出现。学者们声称中国现在面临的两个主要瓶颈是金融改革和政治改革。他们指出这样的事实：非国有制造业贡献了多于70%的产量，但是仅占用了不到30%的金融资源。运用一般均衡模型（a general equilibrium model），将分配效率的观念扩展到改革上，他们强调这些不一致，然而未能解答“中国的持续快速增长之道”——本书的主题。

更为合理的结论是新古典主义模型对于完全地理解发展过程是非常不充分的。他们的视野太狭窄，甚至更重要的是，他们提不出重要的问题。生产和发展并不是注定要单独受劳动力、人力资本或物质资本（physical capital）的影响，而是更为复杂和让人难以捉摸的因素的结果，具有很强的历史和地理属性。同样地，许多经济学家设想，作为基本发展前提的传统发展顺序和制度环境由于中国不断地发展而受到强烈的质疑，在中国几乎没有用到正式规定的过渡方法。

对于改革的连贯性可以得出类似的结论。几乎没有人会争辩，在循序渐进的改革之路上，对于许多改革的每一步，中国领导人头脑中都有着清晰的轮廓。然而，这并不排除有用的个人经验，也不妨碍他们采用的试点方法中出现连贯的模式。渐进式的改革部分是源于政治分歧，正如萨克斯和沃（Sachs and Woo 2000）与其他人阐释的那样，这很重要，并不仅仅是因为它反驳了他们所谓的实验学派（Experimental School）。其实，这可以说是实验主义（Experimentalism）的精髓：它是一种方法，而不是教科书——因此，结果会不可避免地与任何预期的计划或预想有很大差异。

然而，全球对于“正确的”政策和“正确的”制度的辩论依然在持续。一些经济学家采取了新策略：中国是个例外，因为不知为何其发展道路独一无二，几乎没有供其他发展中国家借鉴的经验。本书将反其道而论之。所有的国家从历史和制度环境上来讲都是独特的。斯蒂格利茨（Stiglitz 2006）在《让全球化发挥作用》（*Making Globalization Work*）这本书中说得好：“没有神奇的解决之道或简单的良方。发展经济学历史的标志是对于找寻‘答案’理想化的追求，一个策略的失败带来的失望会转变为对下一个策略的希望。”从中国 30 年之久连续不断的巨大成就中吸取经验和教训变得越来越有吸引力。

参考文献

Ahluwalia, M.S. and H. Chenery. 1974. ‘A Model of Redistribution and Growth’, in H. Chenery, M.S. Ahluwalia, C.L.G. Bell, J.H. Duloy, and R. Jolly (eds), *Redistribution with Growth: Policies to Improve Income Distribution in Developing Countries in the Context of Economic Growth*. London: Oxford University Press.

Ao, X. and L. Fulgitini. 2005. ‘Productivity Growth in China—Evidence from Chinese Provinces’, University of Nebraska-Lincoln, Mimeo.

Bigsten, A., J.H. Zheng, and A.G. Hu. 2006. ‘Can China’s Growth be Sustained? A Productivity Perspective’, Working Papers in Economics 236, Göteborg University, Department of Economics.

Bigsten, A., J. Zheng, and X. Liu. 2003. 'Efficiency, Technical Progress, and Best Practice in Chinese State Enterprises (1980–1994)', *Journal of Comparative Economics*, 31(1): 134–52.

Bloom, D.E., D. Canning, L. Hu, Y. Liu, A. Mahal, and W. Yip. 2006. 'Why Has China's Economy Taken Off Faster than India's?', Paper presented at the Pan Asia 2006 Conference, Stanford Center for International Development, 3 June 2006.

Borensztein E. and J.D. Ostry. 1996. 'Accounting for China's Growth Performance', *American Economic Review*, 86(2): 224–8.

Bosworth, B. and S.M. Collins. 2006. *Accounting for Growth: Comparing China and India*. Washington DC: Brookings Institution.

Chen, P. 1993. 'China's Challenge to Economic Orthodoxy: Asian Reform as an Evolutionary, Self-organizing Process', *China Economic Review*, 4(2): 137–42.

Dekle, R. and G. Vandenbroucke. 2006. 'Wither Chinese Growth? A Sectoral Accounting Approach', Department of Economics, University of Southern California.

Dries, L. and J.F.M. Swinnen. 2002. 'Institutional Reform and Labor Reallocation during Transition: Theory Evidence from Polish Agriculture', *World Development*, 30(3): 457–74.

Easterly, W. and R. Levine. 2002. 'It's Not Factor Accumulation: Stylized Facts and Growth Models', Working Papers Central Bank of Chile 164, Central Bank of Chile.

Fan G. and W.T. Woo. 2009. 'The Parallel Partial Progression (PPP) Approach to Institutional Transformation in Transition Economies, Optimize Economic Coherence, Not Policy Sequence', *Modern China*, 35(4): 352–69.

Fan S. and X. Zhang. 2002. 'Production and Productivity Growth in Chinese Agriculture: New National and Regional Measures', *Economic Development and Cultural Change*, 50(4): 819–38.

Felipe, J. 1997. 'Total Factor Productivity Growth in East Asia: A Critical Survey', EDRC Report Series No. 65, Asian Development Bank.

Fishman, T. 2005. *China, Inc. How the Rise of the Next Superpower Challenges America and the World*. New York: Scribner.

Fleisher, B.M. and J. Chen, 1997. 'The Coast–Noncoast Income Gap, Productivity, and Regional Economic Policy in China', *Journal of Comparative Economics*, 25(2): 220–36.

Hale, G. and C. Long. 2007. 'Is There Evidence of FDI Spillovers on Chinese Firms' Productivity and Innovation?', Yale University Economic Growth Center Discussion Paper No. 934.

Holz, C.A. 2006a. 'New Capital Estimates for China', *China Economic Review*, 17(2): 142–85.

———. 2006b. 'Measuring Chinese Productivity Growth, 1952–2005', Mimeo, Social Science Division, Hong Kong University of Science and Technology.

Hope, N. and L.J. Lau. 2004. 'China's Transition to the Market: Status and Challenges', Stanford Center for International Development, Working Paper 210.

Hsieh, C.T. 1999. 'Productivity Growth and Factor Prices in East Asia', *American Economic Review*, 89(2): 133–8.

———. 2002. 'What Explains the Industrial Revolution in East Asia? Evidence from the Factor Markets', *American Economic Review*, 92(3): 502–26.

Hu, Z.L. and Mohsin S. Khan. 1997. 'Why is China Growing So Fast?', *Economic Issues 8*, International Monetary Fund.

International Monetary Fund (IMF). 2009. *World Economic Outlook Database*, April 2009.

Klenow, P.J. and A. Rodriguez-Clare. 1997. 'Economic Growth: A Review Essay, *Journal of Monetary Economics*, 40(3): 597–617.

Kynge, J. 2007. *China Shakes the World: A Titan's Rise and Troubled Future—and the Challenge for America*. Boston: Houghton Mifflin Company.

Lin, J.L. 2004. 'Lessons of China's Transition from a Planned Economy to a Market Economy', Development Economics Working Papers 446, East Asian Bureau of Economic Research.

Lin, J.Y., G. Wang, and Y. Zhao. 2004. 'Regional Inequality and Labor Transfers in China', *Economic Development and Cultural Change*, 52(3): 587–603.

MacMillan, J. and B. Naughton. 1992. 'How to Reform a Planned Economy: Lessons from China', *Oxford Review of Economic Policy*, 8(1): 130–43.

Ministry of Land and Resources of the PRC (2007). *Annual Statistics Bulletin*. Available at http://www.mlr.gov.cn/zwgk/tjxx/200912/t20091215_699754.htm.

Murphy, K.M., A. Schleifer, and R.W. Vishny. 1992. 'The Transition to a Market Economy: Pitfalls of Partial Reform', *The Quarterly Journal of Economics*, 107(3): 889–906.

National Bureau of Statistics of China. 2008. *China Statistical Yearbook 2008*. Beijing: China Statistical Press.

Naughton, B. 1994a. 'What is Distinctive about China's Economic Transition—State Enterprise Reform and Overall System Transformation', *Journal of Comparative Economics*, 18: 470–90.

———. 1994b. 'Chinese Institutional Innovation and Privatization from Below', *The American Economic Review*, 84(2): 266–70.

———. 1995. *Growing out of the Plan—Chinese Economic Reform 1978–1993*. Cambridge, UK: Cambridge University Press.

———. 2008. 'A Political Economy of China's Economic Transition', in L. Brandt and T.G. Rawski (eds), *China's Great Economic Transformation*, pp. 91–135. Cambridge, UK: Cambridge University Press.

Nyberg, A. and S. Rozelle. 1999. *Accelerating China's Rural Transformation*. Washington DC: The World Bank.

Organisation for Economic Co-operation and Development (OECD). 2009. *China: Defining the Boundary between the Market and the State*. Paris: OECD Publishing.

Prescott, E.C. 1997. 'Needed: A Theory of Total Factor Productivity', Research Department Staff Report 242, Federal Reserve Bank of Minneapolis.

Qian, Y., 1999. 'The Institutional Foundations of China's Market Transition', *Annual Bank Conference on Development Economics*, pp. 28–30.

Radelet, S., J. Sachs, and J.W. Lee. 1998. 'The Determinants and Prospects of Economic Growth in Asia', *International Economic Journal*, 15(3): 1–29.

Sachs, J. 1993. 'Can Communist Economies Transform Incrementally: The Experience of China—Comment', *NBER Macroeconomics Annual*, 8: 137–47.

———. 1997. 'Nature, Nurture and Growth', *The Economist*, 343(8021): 19.

Sachs, J.D. and W.T. Woo (eds). 1997. 'Chinese Economic Growth: Explanations and the Tasks Ahead', *China's Economic Future: Challenges to U.S. Policy*, pp. 70–85. Washington DC: Government Printing Office.

———. 2000. 'Understanding China's Economic Performance', *Journal of Economic Policy Reform*, 4(1): 1–50.

———. 2002. 'China's Economic Growth after WTO Membership', *Journal of Chinese Economic and Business Studies*, 1(1): 1–31.

Sachs, J., W.T. Woo, S. Fischer, and G. Hughes. 1994. 'Structural Factors in Economic Reforms in China, Eastern Europe and the Former Soviet Union', *Economic Policy*, 9(18): 101–45.

Stiglitz, J. 1999. 'Whither Reform? Ten Years after the Transition', in *World Bank Annual Bank Conference on Development Economics*. Washington DC: The World Bank.

———. 2001. An Agenda for Development for the Twenty-first Century', in *The Global Third Way Debate*, pp. 340–57. Cambridge: Polity Press.

———. 2006. *Making Globalization Work*. New York: W.W. Norton & Company.

United Nations Conference on Trade and Development (UNCTAD). 2004. 'South–South Investment Flows—A Potential for Developing Country Governments to Tap for Supply Capacity Building', Background Paper No. 3, Doha High-level Forum on Trade and Investment, 5–6 December 2004, Doha, Qatar.

———. 2010. Foreign Direct Investment Statistics from UNCTADstat. Available at http://unctadstat.unctad.org.

Wang, Y. and Y.D. Yao. 2001. 'Sources of China's Economic Growth, 1952–1999: Incorporating Human Capital Accumulation', World Bank Policy Research Working Paper No. 2650, World Bank.

Whalley, J. and X. Xin. 2006. 'China's FDI and Non-FDI Economies and the Sustainability of Future High Chinese Growth', NBER Working Paper 12249, National Bureau of Economic Research.

Whalley, J. and S. Zhang. 2007. 'A Numerical Simulation Analysis of (Hukou) Labour Mobility Restrictions in China', *Journal of Development Economics*, 83(2): 392–410.

Wolf, M. 2005. 'China has Further to Grow to Catch Up with the World', *Financial Times*, 12 April.

Woo, W.T. 1998. 'Chinese Economic Growth: Sources and Prospects', in M. Fouquin and F. Lemoine (eds), *The Chinese Economy*. London: Economica.

———. 1999. 'The Real Reasons for China's Growth', *The China Journal*, 41: 115–37.

———. 2001. 'Recent Claims of China's Economic Exceptionalism: Reflections Inspired by WTO Accession', Working Papers 01–3, Department of Economics, University of California at Davis.

Woo, W.T., H. Wen, Y.B. Jin, and G. Fan. 1994. 'How Successful has Chinese Enterprise Reform Been?', *Journal of Comparative Economics*, 18(3): 410–37.

Worden, Robert L., Andrea Matles Savada, and Ronald E. Dolan (eds). 1987. *China: A Country Study*. Washington DC: GPO for the Library of Congress.

Wu, X.D. 2001. 'Impact of FDI on Relative Return to Skill', *Economics of Transition*, 9(3): 695–715.

Xu, L.C. 1997. 'How China's Government and State Enterprises Partitioned Property and Control Rights', World Bank Policy Research Working Paper Series.

Yao, S.J. and K.L. Wei. 2006. 'Economic Growth in the Presence of FDI: The Perspective of Newly Industrialising Economies', *Journal of Comparative Economics*, 35(1): 211–34.

Young, A. 2000. 'The Razor's Edge—Distortions and Incremental Reform in the People's Republic of China', *The Quarterly Journal of Economics*, November, 115(4): 1091–135.

Zhang, X.B. and K.Y. Tan. 2007. 'Incremental Reform and Distortions in China's Product and Factor Markets', MPRA Paper 6804, University Library of Munich, Germany.

Zhang, Z. 2002. 'Productivity and Economic Growth: An Empirical Assessment of the Contribution of FDI to the Chinese Economy', *Journal of Economic Development*, 27(2): 81–94.

Zheng, J.H., A. Bigsten, and A.G. Hu. 2006. 'Can China's Growth be Sustained? A Productivity Perspective', Working Papers in Economics 236, Department of Economics, Göteborg University.

Zheng, J. and A. Hu. 2006. 'An Empirical Analysis of Provincial Productivity in China (1979–2001)', *Journal of Chinese Economic and Business Studies*, 4(3): 221–39.

第四章

迈向变革的框架

在之前的一章，我已经试图表明：对中国快速发展的传统解释要么不充分要么具有误导性。本章更深入地挖掘“发展即变革”这一概念的构成，并设计一个有助于理解中国成就的框架。

随着快速的改变和变革，基本的生产条件本身就在发挥作用。其实，这就是发展的性质。我们很难想象生产函数是固定的抑或生产要素间的关系是稳定不变的。那么，接下来，本章要讨论的就是生产本身的演变性。这就既涉及函数本身［在 $y=f(k, l)$ 中的 f］，也涉及函数里的要素（或者因子）。在历史的不同时刻，该生产函数的性质和外形很可能有较大差异。

发展和改变是几乎可以互换的概念。发展远不像在多数大学中所教的那样去追求突出某种经济理论的均衡。斯蒂格利茨（Stiglitz 1996）认为，这种对均衡的追求是一种误导性的比喻说法，对于理解发展中国家发生的令人痛苦的改变几乎没有什么帮助。在某些方面，要求我们有意识地“忘却”通过学习传统经济学而获得的一些基本假设和观念，这些假设和观念在很大程度上采用了新古典主义思想的原则。

为了更好地理解“发展即变革”，我们的分析必须拓展开来，包括一些所谓的复杂的“软”因素，比如，领导力、想象力、行为标准、价值观、规章制度、信任和凝聚力，所有这些都会影响社会结构，以及它们与具体的政策和改革之间的相互作用。而且，关键的是，变革的过程如何在正确的条件下汇聚到一起从而引起并支持发展。一旦变革成为焦点，长期的发展观就很有必要。

虽然有着记录翔实方面的局限性，但是新古典主义思想对发展经济学有着最大的影响力，而且对发展政策亦是如此。遗憾的是，这让国家成长发展过程中起作用的复杂过程简化了。此外，他们还提出一个前提：发展本质上是一个技术问题，要求技术性的解决方法——如增加资本储备、更合理的资源配置、预防市场失效（Stiglitz 1998）。

并非总是如此。从亚当·斯密以来，古典经济学家们在解释国家经济社会发展时深切关注各种起作用的力量。其他一些比较激进的思想家试图以马克思的思想为基础，把资本和劳动力的作用与改变和生产模式的历程联系起来。他们的分析框架不可避免地会让他们关注社会和生产体系间的关系。

同样，当代的经济学家们正在重新审视他们的一些基本假设。面对像中国、韩国和其他一些国家成功的发展轨迹，越来越多的人达成共识：许多标准的政策良方并没有起作用，于是人们越来越有兴趣对发展差异进行更广泛的分析。斯蒂格利茨，2001 年诺贝尔奖得主，特别地大声疾呼“发展即变革”这一观念，对于拒绝“华盛顿共识”的政策亦畅言无忌。尽管如此，索洛（Solow）和哈罗德-多马（Harrod-Domar）程式化的增长模型仍然有影响力，甚至在当前关于发展分析的文献中占有主导地位。

1950 年代和 1960 年代正值后殖民时代，新独立的国家开始了它们的发展之旅，有人认为大部分国家会遵循相似的发展模式，其生活水平会逐渐地向发达国家靠拢。可是，这一观点首要的倡导者罗斯托（Rostow 1960）认为，各种变革力量之间的关系在不同的发展阶段会有显著差异。其他的思想家像纲纳·缪达尔（Gunnar Myrdal）和亚瑟·刘易斯（Arthur Lewis）采用了更广的政治经济学视角来分析发展中国家的增长差异，尽管把这样的分析转变为发展政策仍然具有挑战性。比如，刘易斯（Lewis 1955）承认："教育的困难在于它既是一项消费服务又是一项投资服务。"

当代的经济学家像罗德里克（Rodrik 2003）对发展和新古典主义分析采用更广的视角，他们认为并不存在矛盾。在罗德里克看来，后者在分析国家增长差异方面足够灵活，考虑面较广，既涉及制度又涉及特定环境下具体的条件。他对新古典主义工具和它们在具体政策中比较"低劣"的应用区分开来，这方面最显著的要数 1980 年代和 1990 年代布雷顿森林体系支持的调整计划。按照他的观点，独特的政策像财产权利和契约执行不一定会反映核心的经济原则。不同的背景要求采用不同的方法，中国就是很好的例证。然而，好的制度是能够有效体现这些核心经济原则的。他和其他人尤其提出了这样有用的观点，即增长促进政策往往是有赖于具体环境的，并告诫人们发展的经验教训在不同国家或情形之间是不一定能如人所愿或者轻易转移的。

贾斯廷·林和塞勒斯汀·孟加（Lin and Monga 2010）进一步拓展了新古典主义的分析，提出一种框架来补充之前寻求可持续增长策略的方法。该分析框架承认，一个经济体的要素禀赋结构会随着不同的发展阶段而演变。它提出基础设施（既包括软制度也包括硬件）是额外的生产要素这样的观点，还承认产业政策和政府在促进发展中的重要作用。以市场为有效分配资源的基本机制，贾斯廷·林把这种分析方法称为“新结构经济学”（New Structural Economics）。

还有其他一些人尝试更深入地考察非经济方面的力量，如地理和气候在发展中的重要性。例如，豪斯曼（Hausmann 2001）认为，发展结果会受到地理和气候的严重影响，因为大多数贫穷国家要么被陆地包围要么位于热带地区。这一结论并不能充分解释国家发展排名的历史转变。有些人把空调作为一个让各赤道国家近几十年来能够发展的因素（Sachs 1997）。

随着政策制定者努力寻找新的策略和新的想法来促进发展，现在的问题依然是关乎什么有用以及什么没用。可能现在还没有共同的看法或视角。这些研究越来越多的共同之处在于它们愿意摆脱对增长差异的简单解释。它们强调理解增长环境和初始条件的重要性，突出制度的作用，强烈要求更好地理解范围较广的社会力量，对于这些力量，政策和发展策略必须注意，因为它们会影响发展的结果。

变革的“驱动力”

> 成功的发展变革必须源于国家的内部，必须有相应的制度和领导者去促进、承受和管理变化的过程及对社会的改变。
>
> ——斯蒂格利茨　1998 年的普雷维什演讲

在本章中，借用早期的一些成果（Malik　2002），可以认为三种基本的力量综合在一起对变革和发展产生巨大影响：所有制、生产力和政策。

国家所有（和领导）

越来越多的研究成果强调所有制对于发展结果的重要性（UNDP 2003）。虽然所有制本质上是一个令人难以捉摸的概念，但是我们可以强调其几个关键的方面。本书将所有制定义为相关主体，可以独立自主地制定计划和决策，而且上层的计划和决策能为下层所接受。

领导，一个相关的概念，基本上是指特定主体意志的行使以及带领他人向某个具体的目标前进的能力。在发展的背景下，有远见的领导力是指某个人或群体理解国家当务之急和未来并锻造一支支持变革和发展队伍的能力。

在发展的领域中，所有制一个明显的特征是国家的独立，在政策制定和实施的过程中不受外来不利因素的影响。

我们能想到所有制较弱的例子包括发展中国家，尤其是 1980 年代的那些非洲国家，这些国家受制于国际金融机构批准的结构调整计划的救助条件，而这些条件以西方的经验和解释为基础，又要优先顾及西方的利益。这些计划的失败通常要归咎于对当地的环境缺乏尊重和理解。这正是那些外部顾问给出的政策建议——贷款条件——的特征。然而，对当地情形比较了解的地方政府处于弱势的谈判地位，若不能收到承诺的资金就会损失很大。麦坎蒂威尔（Mkandiwire）（Malik 2002）引用一句匿名的话来强调地方精英在面对这些挑战时的环境差异。“当捐赠者坐了驾驶座，非洲人会坐到后面。当捐赠者试图在越南也这么做的时候，越南人就直接下车。”多数情况下，正如斯蒂格利茨在普雷维什演讲（1998）中所说，“这似乎很明显：有效的变革不能由外部强加，这种强加条件的过程不能鼓励受援者发展他们的分析能力，只会破坏他们获得这些能力的动机，削弱他们应用这些能力的自信”。

另一个方面在于国家内部，指的是决策制定的依附程度以及下级政府对上级政府传达的计划和政策的接受程度。第三个方面与个人对发展过程和相关的政府政策倡议的参与、认可和接受有关[①]。

国家所有制并不要求在国家内部完全达成一致。它意味着政府能够动员和实施期望中的计划和政策，哪怕是在有人反对的情况下。例如，重大的政策变革要求在国家的层面给予强大的政治支持。相对小规模的计划可能只需要地方层面的社区支持。在决定和设计对计划和政策的支持时，外部的合作者需要在合适的层面评估所有制的范围。

发展是一个复杂而多面的过程，要放在每个国家不同的环境和情况下来运行和理解。在宏观的层面，作为国家所有制先决条件的独立政治意志、领导力和生产力的行使，在国家政治统治、国际关系、后殖民时代环境和地缘政治影响——塑造了一个政府与外国发展伙伴间的关系——演变的背景下可以得到更好的理解（Thalayasingam 2007）。

市场自由化和国际援助往往并驾齐驱。受援国往往发现国际援助与援助国的外交政策利益息息相关。援助国与伙伴国家的这种关系对依赖援助的发展中国家的政策内容产生了深刻的影响（同上）。

因此，促进所有制的发展就有必要保存政策空间。1970 年代，斯里兰卡的经验很有趣，因为它曾试图在来自冷战两大对抗阵营的发展伙伴之间取得平衡。特雷亚辛格姆（Thalayasingam 2007）总结道，新的单边援助体的出现，比如，中国和印度，以及大的私人基金会像盖茨基金会，很可能会在将来提供较大的政策灵活性。

约翰逊和威斯蒂（Johnson and Wasty 1993）识别出四组所有制指标：倡议的核心、伙伴国关键政策制定者的思想信仰（intellectual

① 还有一个方面是社群和受众层面的所有制。这是“行动中的发展”的背景。它关注人民的作用，尤其是穷苦大众和所有制的过程。这一背景近来随着基于结果的发展研究以及民主所有制和负责任的政府的概念的提出变得更加引人瞩目。在关于所有制的建立方式、公民有效介入点的发现以及回馈支持者等问题上，进一步的框架性研究尚有较大空间。

conviction）水平、顶层领导者意志的表达，以及在各群体间构建共识的努力。通过考察所有制和42个国家中99个结构调整贷款结果之间的关系，约翰逊和威斯蒂发现，在伙伴国所有制和受资助的发展活动结果之间存在着积极的相互关系。在73%的分析案例中，借款国的所有制对于计划的成功具有很强的预测性（同上）。非常有趣的是，四个因素明显影响有限或没有影响：政治体制的性质、外部冲击的强度、经济的初始条件或结构缺陷、政府银行互动的频度和量。

在另一项由世界银行所做的研究中，贝瑟和摩根（Baser and Morgan 1996）研究了所有制和伙伴国投入对20项科技援助贷款结果的影响。这些学者也确定，在项目表现和伙伴国所有制之间存在较强的积极联系，把借款国对于执行设计和计划的投入作为项目良好表现的关键决定因素。反之亦然，没有借款国的投入基本上就决定了贷款是无效的。大部分不理想的贷款是由银行供应驱动的，缺乏借款国的积极主动，然而，由需求驱动的贷款则被证明是可持续的，或者说有助于提高国力（World Bank 1995，1996，1997）。

领导（和精英）

显而易见，领导很重要，但是经济学家们并没有花太多的时间来审视它，更不用说将其纳入总的发展分析框架。正如罗德里克（Rodrik 2007a）所言，“经济学家们甚至都没有相应的语言来谈论领导在经济学中如何重要或为何重要——尽管我猜想在内心深处他们中的大部分认为它是很重要的”[①]。

扬（Young 1991）将领导描述为一种有意的过程，包括安排日程、找到创新的问题解决办法、让“塑造智力资本的一些想法投入到

① “经济中的领导层”，来自罗德里克的博客。网址为 http://rodrik.typepan.com。

制度设计中”。有效的领导人会引领社会偏好，通过让人们向领导们期望的方向迈进的方式影响“协商程序”（Tallberg 2006）。此外，还会涉及道德的层面。中国的领导观深受儒学的影响。在中国人看来，领导不是操纵别人来获得什么，而是要促进别人的发展以实现共同的利益。它强调自我修养的观念，注重人际关系。儒家经典详细地论述了领导者的基本素质，如公正、真诚、关心他人。

经济学家将这一概念往前又推进了一步，他们认为领导构成“象征性”资本（“symbolic” capital），包括受人尊重、社会威信和道德影响力等个人魅力。这种象征性资本与“社会资本”的概念密切相连，尤其是与信任和社交网络的问题有关。领导人不会在真空中发挥作用，他们的影响力有赖于一系列的因素，除了在媒体方面的个人能力和跨文化技能，领导若要有效，领导人需要具备在恰当的政治机遇期成功动员预先存在的组织和第三方支持的能力，这反过来让他们必须具有灵活性，调整自己以适应强大的潜在支持者们的偏好（Nepstad and Bob 2006）。

琼斯和奥尔肯（Jones and Olken 2005）的实证研究把国家发展表现的转变与国家领导人的变化联系在一起。他们发现，外因造成的领导层过渡（包括当前领导人的自然死亡引起的）会对政策和发展造成显著的影响。马将达和穆侃德（Majumdar and Mukand 2008）写的一篇比较理论化的论文更进一步主张，个人领导者是机构转变、政治制度和经济社会改革的关键。他们总结道：重要的是，“虽然基础的结构条件和制度很重要，但是个人领导者在带来变革并因此转变制度方面具有首要的独立作用”。像政府和经济群体之间的动态关系一样，在领导人和追随者之间也存在着双向的互动，这可以内在地产生明显的“门槛效应”。领导人能力和基础结构条件方面的些许差异就可以显著地改善成功变革的前景。因此，由于拥有追随者，“好的”和“差的”领导人都可以带来改变。这也可以让我们理解“差的”领导人如何以及为何能够长期继续掌权。

在整个经济层面上，要求领导人或者范围更广的统治精英抓住适当的“机遇窗口”来说服公司、协会、劳动者和其他的群体投入到改革中去。发起改革的例子包括比尔·克林顿展示其领导能力，劝说美国各利益群体签署《北美自由贸易协定》（North American Free Trade Agreement）。在这样的例子中，那些公司、劳动者和其他群体为改革和全球化的融合做好了准备，就有可能成为坚定的追随者。如果环境有利而对改革的支持又足够强大的话，中立者们（马将达和穆侃德模型中的“不追随者”）也可能加入改革的进程中来。如此说来，邓小平的南方谈话在说服一系列广泛的利益群体相信中国经济改革的价值方面起到了关键性的作用。威廉森（Williamson 1994）在对 13 个国家重大改革的研究中强调了这一点，他发现有远见的领导人在 10 项成功改革的 9 项中发挥了关键作用。

能力

有关能力和能力发展观念的文献很多。其中，很多论述的是机构的需要和目的——机构实现明确发展目的或提供特定服务的能力（UNDP 1995）。它是为任务驱动并以使命为导向，涉及履行某些职责的能力。这些定义的局限性同样有详细的记录（Malik 2002）。“能力”的价值最好地体现在其与发展的关系中，这反过来要求对能力和发展之间的宏观关系有更加广泛的理解。

本书将能力视为个人、群体、机构和社会明确发展需要、设定目标、设计并执行政策和策略以实现目标的持续能力。这种相对较广的视角提出了获得能力并有效应用它来促进增长和发展的问题。

能力补充了前面讨论的所有制概念，并与其相互影响。一个拥有较高能力的国家、群体或个人有更好的先决条件来掌控涉及自己的发展过程。相反，最弱的所有制往往是由那些管理体制较弱又缺乏确定并解决发展问题能力的贫穷国家展现出来的，在接受援助的背景下尤其如此。

在中国，中央政府和其执行机构强大的能力对于培育国家在整个改革期间展示出来的强大智力支持和实际自给自足能力可以说是个重要的因素。

能力的概念可以分为三个基本而又联系在一起的部分：人的能力、政府和制度以及社会资本。

人的能力

1998 年诺贝尔奖获得者阿玛蒂亚·森为对发展和国家进步的观念进行深刻反思打下了基础。他提出了人最终具有的“能力”的概念。在他看来，穷人之所以穷是因为他们的能力集很小——不是因为他们没有什么——而是因为他们不能做什么。这一概念是指人身体健康、高效多产、积极融入社区并能自由迁移的能力（Emmerij et al. 2005）。那么，发展不仅关乎扩大人有什么的可能性，还关乎多做他们愿意做的事情。这让发展的概念远远超出了新古典主义效用和收入的限定。

正如阿玛蒂亚·森（in Emmerij et al. 2005）所述的，“最后，焦点在于人的自由的扩大，去过人们有理由尊重的生活”。阿玛蒂亚·森在能力方面开创性的工作以及赫布卜·乌·哈格（Mahbub ul Haq）在 UNDP 的领导促成了 1990 年《人类发展报告》的形成。人类发展被界定为追求更多的选择，从收入到教育再到能够在安全的社区居住等等。此外，还引入人类发展指数（Human Development Index）作为衡量这种进入的方式。

因此，对于发展的衡量并不限于收入的提高，更重要的是，“人有能力过他们景仰的生活。商品本身也没有价值——它们应该被视为提高人们健康、知识、自尊和社区生活参与等能力的方式”（UNDP 1996）。

人类发展（以及发展政策）的目标就变成发展并运用人的所有能力。“能力不仅仅是他们本身的素质（有扩大和提高的潜力），也是为具有那些能力的个人和更大的社会所运用的工具”（UNDP 1990）。但只是发展这些能力并不够，它们还需要被应用。

公平和选择自由是这些观念的基本线索。二者对发展有着直接的影响。对于发展来说，解决社会与经济不平等和投资水平同样重要。实践证明，在具体的层面和一般的层面，人类发展和经济增长之间的联系已牢牢确立。多年的教育经历、良好的健康状况、较高的营养水平与个人和群体的收入及生产率的提高有关联（Ranis et al. 2000）。

因此，人类的发展不仅是“发展的最终产品而且也是一种投入，是发展过程中的一个关键因素”（Boozer et al. 2003）。这也会带来门槛效应。例如，文化水平带来的收益会体现出门槛效应，这种效应取决于识字人口的比例（同上）。研究已经确定，在大规模的跨国家数据集（斯图尔特和雷尼斯运用了大约 70 个国家的数据）中总的人类发展水平和总的经济增长之间存在明确的联系①。然而，反之未必亦然。正如联合国《人类发展报告》详细地记录，高收入未必会自动转化为高水平的人类发展。这种关系比较复杂，值得我们仔细反思，尤其是在我们设计政策以及设置大的战略发展目标时。

---

① See Ranis and Stewart（2007：32）or Boozer et al.（2003）.

在一篇重要的论文中，雷尼斯等（Ranis et al. 2000）分析了经济增长和人类发展之间双向关系的跨国证据。在文中，对后者的衡量局限在健康和教育支出方面。他们的论文观点是经济增长和人类发展之间存在双向的联系：在经济增长对人类发展的影响方面，对健康和教育（尤其是女性健康和教育）的公共支出特别重要；在人类发展对经济增长的影响方面，投入率和收入分配则意义非凡。他们指出，这种双向的关系可能会带来一系列复杂的后果。比如，他们发现最初支持经济增长的国家（可能）会陷入恶性循环，而那些人类发展状况良好、经济增长状况较差的国家有时会步入良性循环。

从经济增长到人类发展：健康和教育投资对经济增长贡献的效力有着翔实的记录。穷人收入的增加通常会带来食物支出增加和热量摄入的提高。有同样重要的研究表明，家庭收入的变化给孩子的教育带来积极影响。一个国家的发展阶段可能会反过来决定公共投资的收益。比如，在发展的早期阶段，基础教育对人类发展的影响要比高等教育大。

从人类发展到经济增长："较高的人类发展水平本身不仅是发展的目的，还会通过提高人的能力并因此增进他们的创造力和生产力来影响经济"（同上）。有充分的证据表明，随着人越来越健康、受教育水平越来越高，人们有更强大的能力来为经济增长做出更多的贡献。同样有记录证明，这种联系不是自动生成的。更多的技能投入若没有经济的增长和机会的创造未必会带来就业。在微观的层面，健康和教育投资都系统地带来了高收益——贯穿整个国家和时代。在宏观的层面，良性的循环体现在"人类的高水平发展导致了经济的高增长而经济的高增长又反过来促进了人类发展这一相互促进螺旋向上的趋势上"。

政策需要特别注意确保强化经济增长和人类发展之间（反之亦然）的联系。如果经济增长良好，但社会支出较低，经济增长和人类发展之间的联系最终会给增长率带来同方向的影响。通过回顾13个国家的发展轨迹并审视这些国家三十几年来（1960—1970年，1970—1980年，1980—1992年）的前进历程，学者们发现对大多数东亚国家来说，人类发展和经济增长之间（反之亦然）存在着良性的关系，而对于撒哈拉沙漠以南的非洲国家来说，这二者之间却存在一种恶性循环。国家有可能从一类步入另一类，突显了政策环境的重要性。他们的研究所强调的积极政策包括在资源配置上向社会服务转移、促进公平、为失业人员创造机会。该研究的最终结论尤其能引起中国的共鸣：在获得良性循环以前需要加强人类的发展。总之，仅仅关注经济增长是不可持续的，或许需要高水平的人类发展来给经济增长提供动力。

政府和制度

国家和政府的作用　政府在左右发展结果方面举足轻重，这似乎是个不言而喻的事实。但是它们应该扮演什么样的角色呢？

东亚国家非正统发展策略的成功以及政府在推动这些策略方面的积极作用让经济学家们就“发展型国家”展开辩论，这类型的国家会涉及一个“积极”的政府和政治精英群体，把快速的经济发展视为首要目标。有些人更进一步补充了另外一条特征：这类型的国家向其政府机构授权，让它们来规划并执行发展政策。高增长率和生活标准的提高又反过来为国家机构和其统治精英提供了合法性（Abe 2006）。发展型国家明确承认，市场本身不足以带来快速的经济发展。按照这种想法，像韩国、中国和日本采取了迥异的发展道路，财产权利或许会或许不会起到关键性的作用。起初，这一想法被勾勒出来是为了描述韩国的发展经验，后来演变成一种用来捕捉政府和国家精英在推动发展策略中所起作用的观念，这种作用从新古典主义的视角是不容易解释的。遗憾的是，评论员们倾向于把这样的策略与独裁、自由市场和民主混为一谈。他们暗示，在民主国家不容易实现快速发展。这里需要将专制的国家和发展型的国家区分开来，不是所有的专制政权都是发展型的，同样，这也并不意味着国家为了发展需要专制，像巴西、印度、南非、毛里求斯和博茨瓦纳等例子充分证明民主化和国家的发展地位是可以同时存在的（Fritz and Menocal 2007）。

在本书中，我们把发展型国家定义为，那些明确接受在国家改革、实现现代化的运动中市场是不充分的，需要“积极”的政策来建立制度，发展经济和社会的国家。以这种方式来定义，一个强大的国家可以说是发展的必要条件，而且在评估发展的条件或进步时，对国家的分析也成为一个重要的话题。

总的看来，政府对于发展来说是积极的力量还是消极的力量取决于它们追求的定位以及它们试图与社会培养的关系。官员与社会的关系可以描述为：(i)“一只抓手”（a grabbing hand），在这一模式中，政府是干预者，但并没有帮助。这种情况下的例子不胜枚举，官员追求自己的利益，产生腐败行为。(ii)“一只援手”（a helping hand），政府和官员致力于推进社会的积极行动，筹划统一的发展目标。几位学者还提出了第三类，“看不见的手”，在这一模式中，“政府是非干预者，但组织良好，一般不腐败而且比较乐善好施”（Frye and Shleifer 1997）。在介绍中，这些都属于“理想的类型”，学者们承认在现实中，所有的政府是这三种类型的混合体。然而，对于最后一类的描述含蓄地表明学者们支持私有企业和市场的价值偏好（见表 4－1）。

表 4-1　政府的经济作用

	法律环境	调控框架
看不见的手	政府不超越法律，运用权力供应极少的公共用品；法院赋予合同效力	政府遵守规则，调控少之又少，几乎没有腐败
援手	政府在法律之上，但是运用权力帮助企业；政府官员赋予合同效力	政府强势调控来促进一些企业的发展，组织性的腐败
抓手	政府在法律之上且运用权力来寻租，法律系统不起作用，黑手党取代政府赋予合同效力	掠夺性的调控，无组织性的腐败

资料来源：Frye and Shleifer (1997).

由于政府在特定的社会环境中运行，它们与经济群体间相互关系的性质对于左右发展结果意义非凡。在评估波兰和俄罗斯引入的可比改革计划时，弗赖伊和施莱弗（Frye and Shleifer 1997）表明这两国发展结果显著不同的关键原因是两国政府与企业（社会）间的关系完全不同。通过回顾莫斯科和华沙的商店与官员就法律和调控问题交往的记录，学者们认为“看不见的手”这一模式更适合描述波兰（结果良好），“抓手”的模式更适合俄罗斯（结果不那么理想）。波兰的地方当局通常对企业家和商业更有帮助。

然而，政府担当更大的变革角色并不是没有先例。在发展的早期阶段，较发达经济体的政府在为后来经济和社会进步创造条件方面的确发挥了关键性的作用，无论是在 1868 年明治维新后的日本还是在战后的德国。例如，德国政府在协调重工业投资决策方面起到了积极的作用，这与英国工业比较自发的增长形成对比。科尔奈（Kornai 1992）进一步表明，当基本政策有缺陷或者制度不完备的时候，政府即使很积极，也无甚结果。变革发展政策的环境和先后顺序对于决定发展途径的速度和效力尤为重要。

纳拉扬和伍尔科克（Narayan and Woolcock 2000）更进一步主

张，政府可以更加直接地对穷人的组织能力进行投资，帮助他们构建与其他社会群体相联系的桥梁，因为社交网络是穷人管控风险、应付自身脆弱性的首要资源。他们补充说，政府可以帮助把“结构的”社会资本（制度）与“认知的”社会资本规范（标准和价值观）联系起来。社会政策可以鼓励建立育儿体系，那么，女性就不会背负过分的负担，社会企业的发展表明可以在市场和人之间创造新的联系。值得一提的是，政府也可以是掠夺性的，积极打乱这些网络，从而让可被察觉到的权力和特权的威胁最小化。

制度　诺斯说：“我希望声明制度在社会中更加基础的作用，它们是经济长期表现的基本决定因素。”

政府制定正式的社会规则，包括管理经济活动的规则，确立法治，为和平与安全创造条件。制度是政府限定并执行这些规则的工具。诺斯（North 1981）给出了一个更加广泛或许更有自由论调的制度的定义：“设计出来为实现主要人物财富和利益最大化从而限制个人行为的一套规则、服从程序、道德和伦理行为标准。”

随着经济的进步，规则变得更加复杂。由于生产过程变得更加复杂、更加专业化，事实上，对政治、司法和经济规则的正式化产生了“有效的”需求。规则（制度）运行不良会减少经济活动，降低民众对政府的信任，所创造的条件也会延缓集体决策的进程。制定的规则较差会增加“交易”和“信息”成本，导致无效的分配信号，降低效率。

多数经济学家确信，掌握高质量的制度是发展中国家加速发展所需大量措施的必要组成部分。增长可以用各种各样的方式来推动，包括注入更多的投资，但是维持增长需要强有力而又有效的制度来确保，并帮助保护经济免受冲击。

虽然上述观点为大家普遍接受，但是认为财产权利是规则设置的基础这种观点比较有争议。在传统经济学中，财产权利被视为长期合同的基础，这反过来被认为是资本市场和经济增长的基本构件。不过，关于国家制度的大量实证研究往往聚焦于财产权利和法治。

但是，“好的”制度或“好的”增长孰先孰后呢？例如，当比较朝鲜和韩国在过去 60 年间的发展轨迹，可以中肯地说，虽然“韩国明显有更好的制度，对领导层有约束，但这些制度是 1950 年后经济增长的结果而不是其原因。把韩国的发展归因于这些制度而不是其统治者的选择是错误的”（Glaser et al. 2004）。

诺斯（North 1990）主张，较弱的制度会对经济增长产生直接影响，因为它们会降低投资的效率。制度的质量能够大大地影响发展的水平，这里的因果关系或许不完全是单向的，因为可能要考虑到较高的发展水平需要更好的制度以便持续下去这样的观点。

图 4－1 呈现了 30 年间在 94 个发达国家和发展中国家，政策、政府消费、制度质量对收入增长的影响。其他方面相同，在制度薄弱、政策较差的国家，人均收入每年仅增长 0.4%。相比之下，在制度强大、政策良好的国家，人均收入每年平均增长 3%。

“运行良好的制度可能通过提高投资量（例如，通过消除官僚的繁文缛节和寻租成本）和投资效率（较弱）（比如，通过实施明确的产权）来促进增长”（Aron 2000）。制度与增长之间联系的实证证据比较不明确，部分是因为数据固有的问题以及思维模型程式化的性质。衡量对投资和增长似乎有预测力的制度变量要抓住关乎合同、财产权利和公民自由制度的表现和质量。有证据表明，制度的质量通过

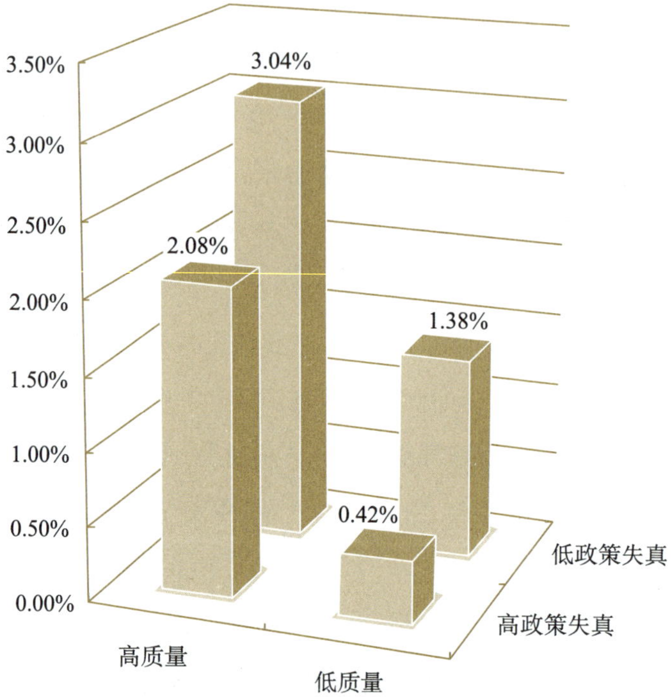

图 4-1　制度质量、政策失真及增长

资料来源：Chhibber（2000）.

影响投资量、提高投资效率（较弱），比如通过实施明确的产权，对增长产生重大的间接影响。尽管薄弱，但也有证据表明，制度和增长之间有直接联系（同上）。

罗德里克（Rodrik 2003）还提出了一个关于制度非集中性的重要观点。不同社会内部的动态可能会导致不同的制度选择。他认为，这是不同社会偏好以及公平和机遇之间平衡的结果。诺斯（North 1994）还承认，将西方成功经济体正式的政治和经济规则转移到第三世界或东欧经济体中并不是经济良好表现的充分条件。其实，中国和亚洲快速发展国家的经验似乎表明本国自己制定的制度可能更持久。

像韩国、中国等所展示出来的强力发展结果为当代的经济学家们提出了一个难题。如何运用传统的模型来解释它们的成功？实际上，巴罗（Barro 1996）发现，在经过一定的门槛之后，政治权利的延伸（效率的一种测量方法）会降低增长的速度。他得出了一个有趣的结论：向发展中国家“输出”民主制度可能是不可取的。和往常一样，还有其他的解释。可能的一种解释是，较高的生活水平会孕育出更好的需求和理由来确保发展的红利可以为民众公平地共享，而这随着社会要迎合不同的期待，可能反过来会延缓增长。不管什么原因，都可以说在动态的发展环境中将政府的角色和其能力相匹配是有价值的，而且这种动态本身就要求制度不断地调整从而能够保持它们对发展进程的影响力。

我们可以更进一步地表明，如果发展关乎变革，那么政府本身对于与这种变革相关的制度的发展就可以采用综合而又积极的方式，包括市场。然而，许多关于制度的经济文献讨论的是制度与市场的关系，以及制度如何促进或调控市场，而不是发展或变革市场本身①。

社会资本

社会资本基本上关乎关系。个人聚集成群体和社区，既受它们影响又受它们限定。群体可以为达成积极的目的服务，也可以图谋不轨。伍尔科克（Woolcock 2000）把它定义为“促进集体行动的规范和网络”，强调需要区分它的“源头”和“结果”。按照此定义，信任不是社会资本的一部分，原因是它是一种结果，而不是孕育反复互动的社会关系的源头。社会资本与公民道德的理念联系在一起，公民道德

① See Pandey in Malik and Waglé (2002).

只有嵌入密集互惠的社会关系网络才能最强大。当公民参与的网络密集时，就可以促进互惠和信任，“使社会生活润畅起来”（Putnam 1993）[①]。

以最宽泛的视角来看，社会资本的定义包括政府及其制度。本书将采取一个比较有限的视角。当然也有相似之处，尽管政府可以被视为等级分明的非市场机构，有它自己的一套规则，然而，考虑到政府的主导作用以及它对社会关系和全面发展的影响能力，让社会资本的定义主要与公民社会的概念联系在一起会更加合理（Collier 1998）。

社会能力（和组织能力）作为一个概念对于发展来说重要或者相关吗？伍尔科克（Woolcock 1998）通过对比两个不同的体验来说明其价值：

> 从马德拉斯飞往新加坡只需 4 个小时，但是出发地和到达地的环境差异让这段距离看起来更像隔了 4 个世纪。对于参观者来说，最显著的对比是组织性的。为西方旅行者所熟悉的简单惯例——排成有序的队伍来托运行李——在印度的南边显然是非常陌生的做法。另一方面，新加坡则因其一尘不染而又有效率的机场享受着显赫的国际奖项所带来的荣耀。

国家制度和社会资本之间有什么显著的联系？公共政策能够深化社会资本？社会资本的概念正如许多经济学家所指出的那样，不仅很难限定，也很难量化，而且可能难以影响（Waglé 2001）。

社会资本也可以被视为“嵌入式的”，由独立的社会关系组成。波拉尼（Polanyi 1957）和其他人介绍发展是一个过程，借此，经济

① 社会资本的概念源自公民介入的特征。初次使用于莱德·J. 汉密尔顿（Lyda J. Hamilton）在 1916 年关于社区介入学校事务的重要性的论述中。汉密尔顿彼时是西弗吉尼亚州学校的主管。

有了分化，或者远离了那些支配社会关系的临时或任意规则。据此观点，在从前工业国家迈入现代工业国家的过程中，社会关系“嵌入”性质的转变值得考察。社会关系、文化惯例、政治环境都会对个人发展经济的努力中所面临的发展机遇和限制产生强大的影响。

虽然准确定义的挑战仍然很大，但是在理解发展和设计公共政策时，我们同样很难忽略其有效性。它让我们关注彼此是如何以及在什么条件下互相关联起来的。借用伍尔科克（Woolcock 2000）和斯图尔特（Stewart 2000）的成果，我们可以强调几个方面：

第一，不同群体间“牵线搭桥”的社会资本储备较低会减少信息流动和资源转移。如果允许性别、种姓和种族歧视的做法延续，这会让发展更加困难。

第二，这一点在危机的情形下特别显著，即信任、信心（和社会凝聚力）下降时，社会资本明显缺乏。爱德华兹（Edwards 2000）解释了拉蒙·道本（Ramon Daubon）把社会资本比作印度洋的话：“每个人都知道它在哪里，没有人关心它源于何处，止于何处，但是我们知道从印度到非洲我们必须越过它。要重建这样的资本需要特定的政策。”仅仅修补制度而没有重建社会资本的类似努力是不可能持久的。“好的”政策如果在其实施过程中不能恰当地代表社会不同群体，那么就是不充分的。

第三，制度影响社区如何利用社会资本来管理风险和机遇。在政府软弱、腐败猖獗成为惯例，权力遭到压制的国家，制度或许就不能充分展示它们通过学校、道路和医院来体现的效力。

发展的实践者贬低了社会资本对于规范性的影响，原因显而易见：要打造信任、容忍和社会凝聚力是很难的（Edwards 2000）。这一说法也被认为太宽泛。它容易用矛盾的方式来解释，从而为公共政策规定辩护（Woolcock 2000）。索洛（Solow 2000）作为理论家进一步质疑社会资本是否可以被视作“资本”以及实际测量这种“资本”的可行性。

在某些方面，社会资本（更宽泛地说，对于能力的观念）可以被有效地认为是影响生产函数的性质和形态，而不是与资本或劳动力等其他的生产要素一样被同等对待。达斯古普塔（Dasgupta 2000）称之为生产函数的转变，它会对不同生产要素结合在一起的结果产生积极或消极的影响。或许可以进一步表明，积极持久的社会资本形式甚至可能决定生产函数的持续性。如果信任瓦解了，社会群体会发现在生产过程中很难进行有效的互动，一个极端的例子就是公民冲突。

不是要加剧争议，这里我们感兴趣的是运用社会资本这样的措辞来更好地理解社会本身如何组织、发展怎样发生以及对于变革过程而言哪些是必要的关键性能力。

社会资本对传统经济理论进行了补充，传统经济理论从个体出发然后再上升到整个经济体。传统公共政策的制定以个人如何表现、如何储蓄或投资为基础。当个人的行为是个变化的函数时，即当“我”成为一个内在的变量，分析迫使我们审视更广泛的社会问题。这尤其要求我们考察社会准则的概念以及转变如何影响行为。个人行为是社会互动的产物，是社会在历史上留下的一个点。

发展往往关注“硬的”东西，甚至当涉及公民社会时，量化的数字也变得很重要，比如完成一个项目或者统计建立的民间组织的数量。那或许仍然有用。然而，要持续地构建社会资本，不可避免地需要理解社会关系以及对于什么有用、什么没用的“本土固有”的观点。观念和制度的成功转移需要当地有适应的能力，正如斯蒂格利茨

(Stiglitz 2000) 所言，“如果仅仅把树从一个地方拔起，然后种植到另一个地方，成功移植的可能性会更大”。“适应或许需要更长的时间，但是这种过程确保产生的政策能够‘为当地的土壤做出更好的准备’”(Malik 2002：39)。

> 随着国家自身的变革，它们需要发展不同的能力。但是，重要的是要认识到它们这么做并不仅仅是把个体集合起来。这是一个更加丰富、更加复杂的观念，要把个人的力量编成一块更加坚实、更加有弹性的织品。如果国家和社会想要发展能力，它们必须不能局限于扩大个人技能。它们还需要创造机遇，激励人们应用和扩大这些技能。因此，能力的发展不局限于个人身上，也在于人与人之间，还在于他们所创立的机构和网络——通过把社会联系在一起并为这些关系设置条件的“社会资本”。(Malik 2002)

伍尔科克 (Woolcock 1999) 认为，发展的结果可能会为社会困境解决的程度所左右。当社会关系明确并且触手可及时，好的结果会出现。伍尔科克介绍了这样四层人们可以利用的关系：(i) 在他们所在的地方社区的内部；(ii) 在地方社区和其他与公民社会有着更加广泛联系的社会群体之间；(iii) 在公民社会和宏观层面的机构如政府机构之间；(iv) 在公司部门内部。

对公共政策和公民行为会有哪些影响呢？格莱珉银行 (Grameen Bank) 在孟加拉国运用相关利益群作为向穷人发放信贷的抵押来源能够说明这里提出的一些观点。格莱珉银行完全明确地致力于深化信任，加强社会网络并提供激励措施以求产生积极的发展结果。

政策（和改革）

> 言归正传，没有太多的政策可以让我们确信地说会深深地并

且积极地影响发展。

——阿诺德·卡尔·哈伯格（2003）

政策是对原则、价值观和意图的一套声明，概述了期望并为前后一致的决策制定提供基础。在发展的环境中，它指政府履行意志、影响具体社会经济结果的行为。

正如某处所述，越来越少的发展经济学家和政策制定者现在相信，仅仅通过自由化、解除管控和私有化就可以启动或维持增长与发展。得出这一结论的理论基础与1956年利普西（Lipsey）和兰开斯特（Lancaster）关于“次优”的重要理论研究息息相关。

他们的理论首要关注的是，在经济模型中当最佳条件不能满足时会发生什么。缺乏一些最优的条件会导致这样的情形：剩余条件所能确保的次优选择可能不是一个更好的结果。利普西和兰开斯特的研究结果强调，需要采用务实的方式来制定政策，因为政策分析对于“正确的”政策或许不能提供简易的解决办法。罗德里克（Rodrik 2007b）很好地概述了这给经济学家们带来的困境。渴望政府插手干预经济的实用主义经济学家们推崇“次优理论”的逻辑，而其他一些深受市场力量影响的经济学家则无法摆脱美好的幻想。对于实用主义经济学家，他想到了自己和斯蒂格利茨，斯蒂格利茨坦诚面对现实市场的诸多缺点，与自由放任学派形成鲜明对比，自由放任学派轻率地忽略这些瑕疵，以免他们被迫承认在经济事务中需要政府进行纠正性的指导。

社会政策、预算和宏观经济政策

市场、价格与刺激对于塑造发展结果都会发挥作用。政策寻求以某种或其他方式影响它们。总体宏观经济的稳定、财政货币措施的设计和内容主导着大多数发展政策。对于那些与国际金融机构的减贫战略文件（Poverty Reduction Strategy Papers，PRSPs）提出的政策而言尤其如此。在社会领域的支出通常被当作残余支出（residual expenditure），即在照顾了更重要的事情并且国家平衡了预算以后剩余的费用。社会福利政策被视为主要用来管控政府试图推进国家向前发展的过程中所采用发展战略和计划的影响。

如果发展关乎变革，那么就需要从本质上对社会政策的角色进行重新思考。社会政策应该超越有关社会如何对待穷人和其他弱势群体的政策，以国家期望的那种理想社会为导向，着眼于如何影响能够促进发展的社会态度和准则。关于社会政策的许多工作集中于社会安全网的设计，这就把这个问题当作一件保护社会弱势群体福利的事。因此，当谈论预算时，它就具有残留性。

当考察从之前的计划经济向市场经济的成功过渡时，审视社会政策的作用特别有意义。之前的计划经济与这一背景下的发展中国家有许多相同之处，只不过时间跨度更短。发展中国家早期就意识到，他们最终要做的是变革社会，而且在此过程中要在社会准则、发展和国家之间发展一种新型关系。这种转变基本上要求政策和战略影响人们如何与政府进行交流，同时影响具有较高透明度、较广代表性和较多合理性等更为人所接受属性的新政治文化能否持续下去（Griffin and Khan 1995）。

这种较广泛的社会驱动视角影响我们如何看待传统的政策工具。比如，宏观经济政策很少是社会中立的或对穷人不偏不倚（poor-neutral）的。社会政策需要与经济政策的考虑联系在一起，谨记国家预算的编制不是一种价值中立（value neutral）的行为。国家预算尤其要根据它们的政治和社会背景来进行评估。这部分是因为预算问题在技术上很复杂，宏观经济政策常常会逃避严密的公共审查，尽管现实是这些技术决策会对人民和国家的进步产生重大影响。例如，如果对于健康和教育的支出被视为投资而不是社会扶持问题，那么政策结论就可能迥异。联合国开发计划署《人类发展报告》的创始人曼巴布·乌·哈克喜欢这么说：预算往往是背着穷人制定的。

贸易政策、全球化和对外开放

很少有国家（尤其是那些规模较小或中等的国家）能够不对全球市场开放而轻易地长期发展。然而，所有国家在对全球贸易放开国内市场后都表现良好也不是真的。像其他任何事情一样，从理论到现实，关键在于投入：国家如何对待资本账户，科技转移的过程如何被管理，当外部危机袭击时存在什么样的缓冲机制。世界上还比较广泛地存在着不公平的全球化的政治经济环境，游戏的规则往往有利于发达的工业化国家。发展中国家工资低、人力资本投入低、工业基础设施有限，如果没有积极的政策是不可能自发地沿着工业化精密产业链条向上发展的。

从当代的经验中所得到的教训是：国家必须心甘情愿并且小心谨慎地接受全球化。这要求对于特定国内市场开放的速度以及是否应该允许投机货币自由出入采用有所选择的方式。1970 年代末期的东亚危机对于该地区的大部分政府来说是一个警告，让它们越来越有兴趣采用实用而通常又非正统的方式来保护国内发展的努力不受全球化蕴含的不确定性的影响。失业和不稳定是全球化挑战的一些方面。与发达国家不同，发展中国家通常没有健全的机制，如福利支付和失业保险来防备这样的风险（Stiglitz 2006）。这些关切，反过来因全球变暖而进一步加剧，因为贫穷的国家和社区可能要承受调整的冲击。

变革的政策可以受益于全球化，孟加拉国的发展案例就明晰地表明了这一点，由此，对于受过教育劳动力的需要尤其导致了对女性教育的投资。积极的联系是可能的。但同时，国内取得进步的努力也很容易被搁置一旁，因为全球性的力量能够深深地影响谁有可能成功。政策的制定者不得不仔细审视这种联系从而为积极的影响做好充分的准备，同时减轻并准备好应对全球化比较消极的方面。

变革叙述

宏观视角

传统社会可能有高级的组织和社会资本，尽管其形式并不能促进变革和发展（Stiglitz 1998）。在发展的过程中，存在的社会资本储备有可能受到破坏，或者像在俄罗斯一样，过渡的发生并不必然依赖新运行的社会秩序和资本的出现。这一观点导致了如下主张：公共政策需要超越狭义的国家能力；考虑促进较广社会能力的方式——制度、刺激，以及鼓励生产力、节俭和进取精神的社会结构；加强政府设计和执行公共政策的能力。

在传统的社会中，三大范畴——对于明确重大事项的社会的一致构想、管理这些重大事项实施的制度以及维持那种发展水平的社会资本——之间可能井然有序（见图 4－2）。发展变革以及新生产体系的当务之急“要求”重新安排社会体系。一旦我们接受发展关乎变革，那么在这个背景下，所面临的挑战是管理从传统向现代社会变革。因此，政策要求不仅关注废除或改革已确立的制度与能力，而且注重明智地管理发展过程，以创造一个维持和丰富的有益于新型社会结构和安排的社会环境。在快速变革的时期，三个部分之间有时会出现严重的错位，这让变革管理成为一件令人畏惧的任务。此外，在发展政策方面需要重申：首先，需要更加重视社会政策，最低限度是它们至少

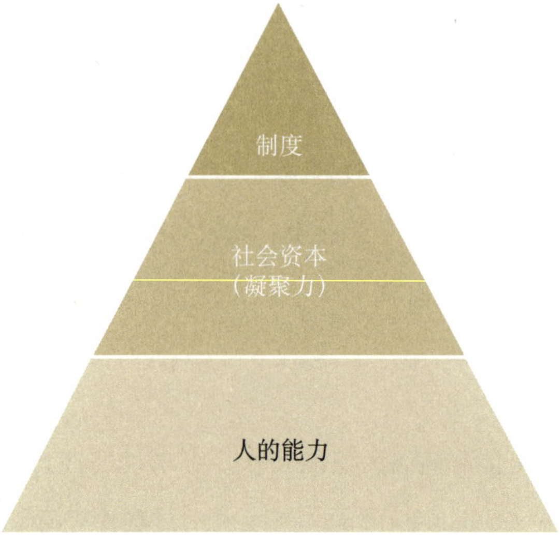

图 4-2　能力的构成要素

要与经济政策同样重要；其次，发展政策和发展领导层要有意识地关注三种要素的影响以及对它们进行正确安排的需要。

当三要素总体排放有序时，鉴于所选择的经济组织模式，社会处于平衡的状态中。变革不可避免地转变这三种驱动力之间的关系。管理变革就关乎确保变革的驱动力能在较高水平的发展阶段就位（见图 4-3）。图解如下：三要素的第一个吻合是对改革之前苏联的程式化描述，那段时间里，中央计划政策规定了人们的基本需要。在社会准则方面，苏联市民认为获得社会福利是正常的，如工厂的托儿所、丰富的休假权利、大量的闲暇时光。但是，收入水平要比西方经济体低得多。将此与改革后俄罗斯的情形相比就可以让真相暴露无遗。灾难性的结果清楚地记录在案——收入的崩溃、不公的大幅加剧、寿命缩短。二战以后，有些是史无前例的。引人瞩目的新政策被引入（得到了国际社会的支持），却没有充分评估它们给设计和创立原本为其成功留出余地的新制度、新社会准则和网络所带来的后果。虽然激进方

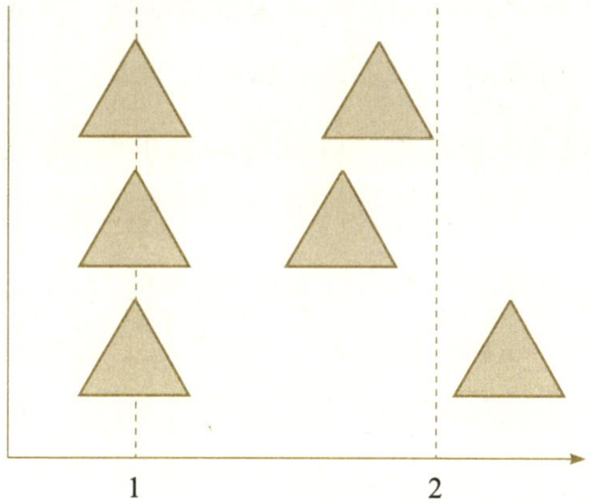

图 4-3 三种驱动力

式的失败被普遍接受，但是错误不仅在于新政策的内容，还因为没有考虑到引入政策的环境。这种误配——指第二个驱动力（政策）——的一个原因是负责促进变革的“专家”和机构把它视为脆弱的市场和民主制度所造成的传统问题，只需要以更多贷款和更多技术合作的形式用标准的办法就可以解决（Putnam 1993；Sachs et al. 2000）。

政府能够并且的确会影响社会准则和行为，与种族、性别、民族和宗教相关联的歧视性排外做法就是典型的例子。社会排外可以通过提高公共服务的普及范围来矫正。例如，在农村地区建立学校和健康设施。这种行动的较强形式可以通过特殊的政策，如“平权法案”（affirmative action）（*World Development Report 2000—2001*）。这样的政策应成为发展践行者和经济学家们标准工具箱里的一部分。

从一种体系或吻合的层次转向另一种体系或层次提出了吸收和排序的问题。关于“吸收”能力的许多辩论与公共政策对于发展中国家吸收“新理念、准则和技术”能力的影响作用联系在一起

(Koo and Perkins 1995)。在韩国，这导致首先对教育进行投资以便于通过国际援助转移的技能和知识能够得到更好的吸收。东亚危机则是个不同的例子。在这里，政府的角色很明确，普遍还有健全、管控良好的制度以及大部分被视为有益发展的政策。而且，可能更重要的是，这些国家在很大程度上成功实现了社会变革。那么，是什么出问题了呢？在这个案例中，更主要在于政策和全球环境方面的挑战。虽然评论员们指责短期资本流动的变化无常以及不甚有用的外部建议（Radelet and Sachs 1998），但是也要严肃质疑“华盛顿共识”的一些关键方面，如不成熟的资本账户可兑换（capital account convertibility）以及发达国家经济体中不充分的金融监管——这一因素如今再度被指控为当前全球金融崩溃的主导因素。东亚危机和当前的危机要求更多而不是更少的政府行动，还需要更多更好的国际金融协调与监管。现在这已经为 2009 年在伦敦召开的 G20 峰会政府领导人所接受。

政府-经济群体互动

社会变革动力的一个重要部分是经济群体如何与政府进行互动。在这里有动态的一面，因为这些群体既促成政府政策，又受政府政策的影响。经济群体要在特定的历史环境和调控/制度框架中发挥作用。这些关系的子集涉及公民社会以及促成和影响政府与市场间联系的制度安排。环境要么可以促进不同经济群体间的互动，要么会在获得特定发展结果的过程中逐渐削弱其作为公民社会参与者的能力。这些群体又反过来对决定政府政策和表现起到重要作用。伍尔科克（Woolcock 1998）表述得很好：

> 因此，政府-社会关系的性质对于理解经济群体的前景和功效是至关重要的，如果说它们的作用是影响政府（还有其他大的

公司参与者）发展的意愿和能力。政府-社会关系的发展效力因此就打通了双方利益、需要和资源之间的联系。

一系列的发展结果可能会出现。极端的例子就是所谓的“失败”政府，比如索马里，在这里几乎没有政府组织的生产力，除了基本的法律和秩序，政府完全不以任何有意义的形式存在。经济群体反过来也不能汇聚成经济运行的整体。协同增效作用缺失。这些政府与文献中描述的“掠夺性的政府”接近。领导层和精英们在塑造发展结果方面起到关键性的作用。

孟加拉国也是一个政府能力比较薄弱的例子，但是在这里，健全的公民社会却促成了更好的发展结果。在该国产生了几位杰出的领导者像穆罕默德·尤努斯（Muhammad Yunus）（格莱珉银行）和法兹勒·阿比德（Fazle Abed）（农村发展委员会），他们这些年来激发了规模日盛的公民领导人运动，对社会进行再投资。孟加拉国在实现千年发展目标上取得的进步要比其他任何一个南亚国家包括快速发展的印度都大。平均寿命在18年里上升了22%，在2008年达到了66岁，人口增长从1990年的2.19%下降到1.41%。在过去的几十年，增长率稳定在6%左右[①]。其原因和发展型政府或“好的”政策配套相关性较小。三种关键因素综合到一起形成良性循环：女性识字带来的收益——主要是私营领域（最初是服装出口领域）需要和公民社会投资相结合的结果，广泛惠及数百万穷人的微金融网络，孟加拉国移民的大量汇款——他们的现金转移带来了家庭收入的直接增长。这些因素汇聚到一起，促成了较强大的社会资本，启动了开拓进取的传统，带来了较高的增长率。

---

① 数据来源：World Bank，World Development Indicators. Available at http：//datafinder. worldbank. org/about-world-development-indicators.

新近的经济史可以提供许多有关经济群体与政府间关系如何对发展结果产生决定性影响的例子。苏联与东欧高度的组织力量可能是“官僚气太多”，并且缺乏“发展型政府”所代表的协同作用——这种政府可以把支持、合作与责任等要素联合起来（Woolcock 1998）。寻租、无效率和无效果成为不正常的发展环境以及经济群体-政府间关系的特征。

制度、社会资本（凝聚力）和增长

伊斯特利等人（Easterly et al. 2006）在联合发表的论文中将社会凝聚力（或社会资本）当作解释为何即使是好的领导人也发现很难实施“好的”政策的重要因素。在此背景下，社会凝聚力这一概念更好用，因为它关注更广泛的社会问题，然而社会资本这一术语也可以指一些具体的、比较微观的方面，比如，当分析社会网络和社区组织时。社会约束必然限制政治家们制定政策变革的空间。学者们将社会凝聚力界定为“社会内部社会和经济分化的性质与程度”。在有凝聚力的社会，不同派别或个人能够利用的分歧较少，但是利用存在于多样化中的潜力的机会较多。

通过把有关社会凝聚力的直接与间接数据结合在一起[①]，他们得出重要的结论，确认了早期如罗德里克（Rodrik 2000）的研究结果：有凝聚力的社会往往要比凝聚力较弱的社会发展快，有凝聚力的社会在应对危机和外部冲击方面表现更好。在种姓、语言和群体间深深分化的国家给最好的领导人与政策制定者呈现了巨大的挑战。这里也有良性的一面。好的发展结果通常更可能出现于由有效

① 伊斯特利等（同上）呈现的证据表明社会凝聚力可以影响体制的质量。他们的结论是基于一项涵盖广泛的研究，研究不仅抽取了组织覆盖率、公民参与率、信任度（由不同调查结果反馈得出）等衡量社会排外程度的常用指标的数据，也抽取了收入分配（基尼系数）和民族异质性等非直接指标的数据。

公共制度管理的国家，而那些制度更有可能存在于社会凝聚力较高的社会。

有两个主要结论应得到特别强调。较高的社会凝聚力导致出现更好的制度，更好的制度导致较高增长。政府显然既可以影响社会凝聚力又能影响制度的质量。这二者都属于主要的内在变量。政府政策库的一个重要部分是教育。教育可以对社会凝聚力产生相当大的影响。如果教育组织良好，课程设置得当，就有助于培育不同群体和民族间的和谐，还可以强化民族的共同目标。如果公共服务——保健、教育和社会保险能够得到公平合理的供应，它们对于创建一个本身感觉团结而又有凝聚力的社会具有长足的作用。

呼吁改善政策和制度是基于这样一种“隐含的假设：实现它们仅仅是选择、技术政治技能，以及/或纯粹政治意志的问题”（同上）。社会和国际力量的关系在决定对于发展中国家的领导者和政府来说实际存在的政策空间方面起着巨大作用。一定程度的社会凝聚力对于产生实施改革所需的信心与投入来说是必要的。市民必须信任他们的政府。当改革挑战现存的力量关系与阶级划分时，大众和制度的包容性可以起到缓冲变革的作用。随着社会的变革，考虑到这些关系，政策的制定者对于政策及其带来的预期社会影响应当有更加广泛的考虑。

所有权、政策和全球化

大量的例子表明：如果政策是“好的”，所有权脆弱，那么随之而来的是令人不满意或差的结果。这些政策失败的责任往往被置于不充分的政策执行能力上，这反过来又造成了好心好意要提升这些能力的建议和技术援助的泛滥。同样，如果政策“不好”，即使所有权强大，那么它对于推动经济和社会向前发展也不会有太多助益。

误置的或不恰当的建议所造成的代价是巨大的。遵循国际货币基金组织（IMF）建议的国家，从玻利维亚到蒙古都提出了基本而又必要的问题：我们已经感受到了IMF支持的结构调整计划带来的痛苦，我们已经做了你让我们所做的一切，我们何时才能开始获益？同时，采取独立路线的国家，像中国，或那些更加有所取舍的国家，像智利，都发展得更好（Stigltiz 2002）。

还有其他的一些例子表明，发展政策的倡导者缺乏实际经验。比如，在外商投资领域，中国可以说位于吸引外商直接投资最成功的国家之列。虽然资本市场自由化的提倡者告诫，不将国家同时向短期资本流动开放是很难吸引到外商直接投资的，但是中国还是做到了。同样，在许多发展中国家，大量最贫穷的人依然住在农村地区，而且在未来的几十年有可能仍然待在那里。忽略农业和农村地区，减贫方面的进步是有限的。因此，如果减贫是个关键的政策目标，那么显然，需要保证对农业领域的密切关注。产业政策尤其不能比较广泛地忽略农业和农村地区。中国早期的成功是建立在基于农村的发展战略之上的（同上）。

政策制定绝非易事。国家领导者和国家机构需要为之努力，可以利用从其他发展经历中所获得的成功或失败经验，制定出本土的解决方案。以牺牲经济增长为代价仅对教育进行投资是一个不可能持续的过程。如果人们要实现他们的生产潜力，市场和刺激都很重要，但是，如果他们参与的机会和能力有限，那么那也是政策必须应对的部分挑战。农业生产力低下，再加上道路和基础设施较差是不可能让农民脱贫的。减少发展中国家进口的障碍——在全球市场普遍存在——必须成为让发展中国家取得进步的赋能框架（enabling framework）的一部分。仅仅将它们的经济对外部世界开放不可能帮助发展中国家必然从全球化中获益。“即使（它们的）GDP 增长了，这种增长也不可能是可持续的或持久的。纵然增长是可持续的，（它们的）大多数人民会发现他们自己更加贫困”（Stiglitz，2006）。

下一章将要研究中国如何在其强大领导层的带领下，依靠自身条件，通过实施基础广泛的“发展即变革”战略以及相关制度——这些制度在很大程度上践行了改革初期其领导人设计的现代化构想——取得引人瞩目的进步。

参考文献

Abe, M. 2006. 'The Developmental State and Educational Advance in East Asia', *Educate*, 6(1): 6–12.

Aron, J. 2000. 'Growth and Institutions: A Review of the Evidence', *The World Bank Research Observer*, 15(1): 99–135.

Barro, R.J. 1996. 'Democracy and Growth', *Journal of Economic Growth*, 1(1): 1–27.

Baser, H. and P. Morgan. 1996. 'Review of Technical Assistance Loans in the World Bank', Washington DC, World Bank, OPD.

Boozer, M., G. Ranis, F. Stewart, and T. Suri. 2003. *Paths to Success: The Relationship between Human Development and Economic Growth*, Economic Growth Center, Yale University. Available at http://ideas.repec.org/p/egc/wpaper/874.html, accessed on 7 April 2010.

Chhibber, A. 2000. 'Social Capital, the State, and Development Outcomes, in I. Serageldin (ed.), *Social Capital: A Multifaceted Perspective*, pp. 296–310. Washington DC: World Bank.

Collier, P. 1998. *The Political Economy of Ethnicity*. Oxford: Institute of Economics and Statistics, Centre for the Study of African Economies, University of Oxford.

Commander, S., H.R. Davoodi, and U.J. Lee. 1997. *The Causes of Government and the Consequences for Growth and Well-being*, World Bank. Available at http://ideas.repec.org/p/wbk/wbrwps/1785.html, accessed on 31 March 2010.

Dasgupta, P. 2000. 'Economic Progress and the Idea of Social Capital', in I. Serageldin (ed.), *Social Capital: A Multifaceted Perspective*. Washington DC: World Bank Publications.

Easterly, W., J. Ritzen, and M. Woolcock. 2006. 'Social Cohesion, Institutions, and Growth', *Economics and Politics*, 18(2): 103–20.

Edwards, M. 2000. 'Enthusiasts, Tacticians and Skeptics: Social Capital and the Structures of Power', presentation on 'Practical Theory, Reflective Action: Social Capital and Development Projects at the World Bank', Boulder, Department of Geography, University of Colorado.

Emmerij, L., R. Jolly, and T.G. Weiss. 2005. 'Economic and Social Thinking at the UN in Historical Perspective, *Development and Change*, 36(2): 211–35.

Fritz, V. and A.R. Menocal. 2007. 'Developmental States in the New Millennium: Concepts and Challenges for a New Aid Agenda, *Development Policy Review*, 25(5): 531–52.

Frye, T. and A. Shleifer. 1997. 'The Invisible Hand and the Grabbing Hand', *The American Economic Review*, 87(2): 354–8.

Glaeser, E.L., R. Porta, F. Lopez-de-Silanes, and A. Shleifer. 2004. 'Do Institutions Cause Growth?', *Journal of Economic Growth*, 9(3): 271–303.

Griffin, K. and A.R. Khan. 1995. 'The Transition to Market Guided Economies: Lessons for Russia and Eastern Europe from the Chinese Experience', in B. Magnus and S. Cullenberg (eds), *Whither Marxism? Global Crises in International Perspective*. New York and London: Routledge.

Harberger, A.C. 2003. 'Interview with Arnold Harberger: Sound Policies Can Free Up Natural Forces of Growth', *IMF Survey*, International Monetary Fund, Washington DC.

Hausmann, R. 2001. 'Prisoners of Geography', *Foreign Policy*, 122: 44–53.

Johnson, J.H. and S.S. Wasty. 1993. *Borrower Ownership of Adjustment Programs and the Political Economy of Reform*. Washington DC: World Bank Publications.

Jones, B.F. and B.A. Olken. 2005. *The Anatomy of Start–Stop Growth*. Cambridge, Mass.: National Bureau of Economic Research.

Koo, B.H. and D.H. Perkins. 1995. *Social Capability and Long-term Economic Growth*. Basingstoke: Macmillan.

Kornai, J. 1992. *Socialist System: Political Economy of Socialism*. Oxford: Oxford University Press.

Lewis, W.A. 1955. *The Theory of Economic Growth*. Homewood, Ill.: R.D. Irwin.

Lin, Justin Yifu and Celestin Monga. 2010. 'The Growth Report and New Structural Economics', Policy Research Working Paper Series 5336, World Bank, Washington DC.

Majumdar, S. and S. Mukand. 2008. 'The Leader as Catalyst—On Leadership and the Mechanics of Institutional Change', CESIFO

Working Paper No. 2337.

Malik, Khalid. 2002. 'Towards a Normative Framework: Technical Cooperation, Capacities and Development', in Sakiko Fukuda-Parr, Carlos Lopez, and Khalid Malik (eds), *Capacity for Development: New Solution for Old Problems*, pp. 23–42. New York: Earthscan and UNDP.

Malik, K. and S. Waglé. 2002. 'Civic Engagement and Development: Introducing the Issues', in Sakiko Fukuda-Parr, Carlos Lopez, and Khalid Malik (eds), *Capacity for Development: New Solution for Old Problems*, pp. 85–99. New York: Earthscan and UNDP.

Narayan, D. and M. Woolcock. 2000. 'Social Capital: Implications for Development Theory, Research and Policy', *The World Bank Research Observer*, 15(2): 225–49.

Nepstad, S.E. and C. Bob. 2006. 'When Do Leaders Matter? Hypotheses on Leadership Dynamics in Social Movements', *Mobilization: An International Quarterly*, 11(1): 1–22.

North, D.C. 1981. *Structure and Change in Economic History*. New York: Norton.

———. 1990. *Institutions, Institutional Change, and Economic Performance*. Cambridge: Cambridge University Press.

———. 1994. 'Economic Performance through Time', *The American Economic Review*, 84(3): 359–68.

Polanyi, K. 1957. *The Great Transformation*. Boston: Beacon Press.

Putnam, R.D. 1993. 'The Prosperous Community', *The American Prospect*, 4(13): 35–42.

Radelet, S. and J. Sachs. 1998. 'The East Asian Financial Crisis: Diagnosis, Remedies, Prospects', *Brookings Paper*, 28(1): 1–74.

Ranis, G. and F. Stewart. 2007. 'Dynamic Links between the Economy and Human Development', in J. A. Ocampo, K. S. Jomo, and S. Khan (eds), *Policy Matters: Economic and Social Policies to Sustain Equitable Development*. London: Zed Books.

Ranis, G., F. Stewart, and A. Ramirez. 2000. 'Economic Growth and Human Development', *World Development*, 28(2): 197–220.

Robeyns, I. 2003. 'Sen's Capability Approach and Gender Inequality: Selecting Relevant Capabilities', *Feminist Economics*, 9(2): 61–92.

Rodrik, D. 2000. 'Institutions for High-quality Growth: What They Are and How to Acquire Them, *Studies in Comparative International Development (SCID)*, 35(3): 3–31.

———. 2003. *Growth Strategies*. National Bureau of Economic Research.

———. 2007a. *Leadership in Economics*. Available at http://rodrik.typepad.com/dani_rodriks_weblog/2007/08/leadership.html, accessed 6 April 2010.

———. 2007b. *One Economics, Many Recipes: Globalization, Institutions, and Economic Growth*. Princeton, NJ: Princeton University Press.

Rostow, W.W. 1960. *The Stages of Economic Growth*. Cambridge: Cambridge University Press.

Sachs, J. 1997. 'Nature, Nurture and Growth', *The Economist*, 343(8021): 19.

Sachs, J.D., W.T. Woo, and X. Yang. 2000. 'Economic Reforms and Constitutional Transition'. SSRN eLibrary. Available at http://papers.ssrn.com/sol3/papers.cfm?abstract_id=254110, accessed on 8 April 2010.

See, H.P. 2008. 'Moral Character and Effective Leadership: With Reference to Chinese Leadership Style', *Centre for Malaysian Chinese Studies Bulletin*, No. 4. Available at http://ssrn.com/abstract=1496232.

Solow, R.M. 2000. 'Notes on Social Capital and Economic Performance', in *Social Capital: A Multifaceted Perspective*. Washington DC: World Bank Publications.

Stewart, F. 2000. 'Income Distribution and Development', *documento preparado para la Décima Reunión de la Mesa Redonda de Alto Nivel sobre Comercio y Desarrollo de la UNCTAD: Orientaciones para el Siglo XXI, Bangkok, Tailandia.*

Stiglitz, J.E., 1996. 'Some Lessons from the East Asian Miracle', *The World Bank Research Observer*, 11(2): 151–77.

———. 1998. 'Towards a New Paradigm for Development: Strategies, Policies, and Processes', *Prebisch Lecture*, 19. Geneva: UNCTAD.

———. 2000. 'Scan Globally, Reinvent Locally', in Diane Stone (ed.), *Banking on Knowledge: The Genesis of the Global Development Network*. London: Routledge.

———. 2002. 'Development Policies in a World of Globalization', paper presented at the seminar 'New International Trends for Economic Development' on the occasion of the fiftieth anniversary of the Brazilian Economic and Social Development Bank (BNDES), Rio Janeiro, 12–13 September 2002.

———. 2006. *Stability with Growth: Macroeconomics, Liberalization and Development*. New York: Oxford University Press.

Tallberg, J. 2006. *Leadership and Negotiation in the European Union*. Cambridge: Cambridge University Press.

Thalayasingam, P. 2007. '*Unpacking Foreign Aid to Sri Lanka*', Forum on the Future of Aid Opinion Piece, November.

United Nations Development Program (UNDP). 1990. *Human Development Report 1990*. New York: Oxford University Press.

———. 1995. *Capacity Development for Sustainable Human Development: Conceptual and Operational Signposts*. UNDP: New York.

———. 1996. *Human Development Report 1996*. New York: Oxford University Press.

———. 2003. *Development Effectiveness Report 2003: Partnership for Results.* UNDP Evaluation Office: New York.

Waglé, S. 2001. 'Social Capital and Development: A Survey', unpublished draft, UNDP, New York.

Williamson, J. 1994. *The Political Economy of Policy Reform.* Washington DC: Institute for International Economics.

Woolcock, M. 1998. 'Social Capital and Economic Development: Toward a Theoretical Synthesis and Policy Framework', *Theory and Society*, 27(2): 151–208.

———. 1999. 'Learning from Failures in Microfinance: What Unsuccessful Cases Tell Us about How Group-based Programs Work', *American Journal of Economics and Sociology*, 58(1): 17–42.

———. 2000. 'Managing Risk and Opportunity in Developing Countries: The Role of Social Capital', in Gustav Ranis (ed.), *The Dimensions of Development*, pp. 197–212. Yale: Center for International and Area Studies.

World Bank. 1995. *Annual Review of Evaluation Results*, Report No. 15084. Washington DC: World Bank.

———. 1996. *Annual Review of Evaluation Results*, Report No. 16110. Washington DC: World Bank.

———. 1997. *Annual Review of Development Effectiveness*, Report No. 17196. Washington DC: World Bank.

———. 2000. *World Development Report 2000/2001: Attacking Poverty*, 1st edn. Washington DC: World Bank.

Young, O.R. 1991. 'Political Leadership and Regime Formation: On the Development of Institutions in International Society', *International Organization*, 45(3): 281–308.

第五章

理解中国及其转型

中国30年的改革历程是一个激荡人心的故事，从中可以读出这个世界上人口最多的国家是如何成功地摆脱极度贫困，逐步走向强盛，并实现人们生活水平的全面提高的。对发展优先这一理念的恪守不断推动着中国的现代化，30年的变革不仅使人们的态度和人们对于进步的期待一步步地发生转变，也让中国在国际社会中赢取了应有的地位。

正如前面章节中所突显的，中国在这30年中“经历了一系列复杂而又互相契合的转变：从计划经济向市场经济的转型，从乡村到城市的转移，从农业到制造业和服务业的升级，从非正式的经济活动变为正式的经济活动，从相对自足的零散省域经济过渡到更加统一的经济，从高度封闭的经济体跃升为国际贸易强国”（Hussain amd Stern 2006）。这些宏观经济过程在今后的一定时期内很有可能会持续下去。更加重要的是，中国公民和政府之间的关系也在持续地演进。比如，社会服务的供给方已经不再是国有企业和政府，尽管又有新的呼声要求政府在提供医疗、教育和社保中发挥更加有力的作用。不断加深的贫富差距、公众对腐败的普遍关注和少数精英对某些经济领域的控制都引发了新的关于政府及其机构应该扮演何种角色的问题。

要理解中国的发展，一个挑战在于如何界定发展自身的目的。本书的前面章节论述到，对于基础性发展（development of necessity）的审视应该不仅只关注经济发展，还要拓宽视野，认识到人民既是发展的手段也是发展的目的所在。这就要求发展不但需要追求 GDP 的增长率及分配，还要努力使人民的生活更加优越和完善。在这种审视之下，教育、卫生和营养与经济增长率同等重要。“发展即变革”的理念与之相比又进了一步，它把中国的发展进程同社会各项能力联系起来，评估中国的现代化过程中社会生产力是怎样与人民和历史相互作用的。

前面的章节也指出，传统标准下对于中国成就的解释无法涵盖所有在中国现代化进程中起作用的力量。本章则要进一步阐述这些力量如何出现，而且所有权、社会能力和政策怎样相互关联并推动中国的人均收入自 1970 年代末以来增长了 50 倍[①]。为了帮助解释中国的发展道路，下文将提出一些主张。这些主张在传统经济学的狭窄范畴之外或者同传统经济学相悖，但将它们放在一起，就可以对中国的转型式发展做出解释。

国家所有权（及领导层）

几点转型式发展的主张

(1) 在第四章我们已经提出这一主张，即具有发展远见的国家所有权是发展的必要条件。强有力且稳定的领导层是维持发展远见的必然要求。

① 此处为名义上的数值。

（2）对于一个大国来说，所有权在基层尤其重要。

（3）转型需要时间，因此长期致力于改革和发展对取得成功至关重要。

（4）清晰、持续的远见极为重要，但细致、死板的规划或许会适得其反。

根据国情和现实需要确立战略发展方向并制定政策和坚定不移地予以执行的能力是成功发展的根基，因为这样才能保证战略决策和政策更切合实际、更为人接受且稳定持久。这一主张意味着强有力的国家所有权不仅事关发展，也影响着发展的可持续性（是其必要但非充分条件）。本章认为，强有力的领导层是理解中国发展的关键因素。与其相关的一点还有中国的领导层和“执政精英”长期致力于推动中国的发展进程，而且他们并非所谓的“掠夺之手”，而是认为自己的执政合法性与是否能够提高中国人民的生活水平紧密相关。

发展远见

中国在多个层面称得上是强有力国家所有权治下的重要范例。中国改革的自身性质及其建立的体制虽然被外部观察者视为超出常规，但却充分展现了中国领导层面对传统的经济思维和多年来所接受的政策咨询有着独立的思考和做法。

自 1949 年中国共产党执政以来，中国就有着强烈的意愿在国家立场和政策制定上打破 19 世纪和 20 世纪初期那种外国列强对于弱势的中国政权颐指气使的情况。同时，中国的领导层和政权也热切地观察世界，向外部学习，然而不管如何都坚定地根据中国的实际情况和现实约束来调整所学习到的外部经验。诺兰（Nolan 2004）在其论述中就强调，独立自主的思想和政体在中国是根深蒂固的，多个世纪以来一直延续着。

战略方向

四个现代化、小康社会和科学发展观都是针对同一个发展远见的不同侧面所提出的术语。中国自 1978 年改革以来所坚持的发展方向具有惊人的一贯性和稳定性，同邓小平的现代化战略一脉相承，集中力量释放中国的生产力。随着 1980 年代和 1990 年代增长的提速，贫富差距也越来越大，对于社会稳定的担忧也日益增加。这带来了 21 世纪初发展战略上的调整，即更加重视提高贫困人口的收入，在农业上增加投资，加速落后地区的发展。温家宝在 2005 年向全国人大做的《政府工作报告》中提出，今后城市要支持农村，工业要反哺农业，这是对过去政策的调整，也显示出发展方向的调整。不过，致力于发展和实现四个现代化的战略方向并未改变。

古为今用

改革的开展也极具中国特色。中国改革的特色在于基层自发性和试验探索。新的政策要首先通过试点开展和检验。邓小平在 1970 年代末的名言“摸着石头过河”产生了深远的影响。这为在宏观政策出台前先在不同的省份进行试验提供了依据。只有在经过国务院相关政策组和研究机构对于试验的得失进行一定的分析和评估之后，某个做法的成功面才能升级到国家层面，确立为国家政策。

基于之前的得失而开展的改革也同样可以源于失败的政策探索。例如，钱（Qian 1999）曾提到这样一个案例：

> 到 1984 年，农业改革已取得了巨大成功。从 1978 年到 1984 年，人均谷物出产量从约 319 公斤提高到 400 公斤，其他农产品的出产量增加更多，因为它们比谷物更加赚钱。相应地，6 年间农村人均收入增加了超过 50%。这同此前 20 年农业发展的停滞形成鲜明对照。与此相比，国有企业的改革令人失望。工业领域

的情况远更复杂，涉及价格、税收、财政和就业，而所有这些都处于中央计划之下。任何方面的重要改革都需要一揽子的处理方案。受农业改革的巨大成功的激励，1984 年 10 月召开的中共十二届三中全会通过了实施城市经济体制改革的决议，做出了重要的思想调整，决定从“以计划为主，市场为辅”转变为“有计划的商品经济”，计划和市场并重，更加强调市场。

这种统筹兼顾的工作方法被正式确立为“科学发展观”的一部分。科学发展观由胡锦涛于 2003 年提出，在 2003 年 10 月召开的中共十六届三中全会上被正式确立为指导中国发展的纲领之一。

古为今用的国家治理思路在中国有着悠久的历史传统，历代国家领导人都会从过去吸取经验教训来确定将来的政策方向。“小康”本身就是儒家的术语，意指“全面发展，繁荣兴盛的社会”。到 2020 年实现小康社会现在是中国发展的国家目标（UN Country Team in China 2008）。小康社会的愿景同 2000 年在纽约达成的联合国千年发展目标非常相似，两者都明确指向改善生活，并为人民生活水平的提高设定了可测量的目标，不过千年发展目标是全球性的契约，目标完成时间是 2015 年。

强烈的发展愿景

在总体的战略层面，中国的发展战略没有任何宏伟的改革蓝图。指导改革进程的是一个实现现代化的总括性愿景，对改革起到关键性作用的是能够激励人们积极参与并建立起利益共同体的社会和政治安排。至于那些如中国人民想要建立什么样的社会、他们在特定的现实语境下期待达成何种目标的难题则处于不同的利益群体与立场拥护者的不断对话和政策互动之下。许多纲领文件所描绘的蓝图与现实之间有着明确的权衡妥协，这一点得到了切实的认可。这种有些人称之为最优做法的理想实践同地方现实之间的动态张力在罗德里克(Rodrik 1999)笔下有着很好的展现:“蓝图、最优做法、国际准则与标准、统一化等等仅是一些‘技术上的’问题。大规模的机制性变革则一般需要基于对地方能力和需求的认知。”

不管是对改革的远期目标拥有明确的战略,还是在实施不同幅度的改革之后偶然产生某些结果,中国所采取的渐进分步式的改革路径在许多观察者看来是改革取得成功的关键,为改革带来了本质上的益处①。此外,正如有观察者提到的,不管是否有预先的规划,中国的改革有一种“事后看来的一贯性”(Naughton 2007),这一点十分重要。

地方所有权

中国是一个复杂的大国。改革需要在各个层面都得到认同。尽管中国更为人熟知的形象是国家颁布政令,继而在各个省份按部就班推行,然而中国在认可地方经济事务的分权方面也有悠久的传统。这种情况在中国古代即是如此,正如中国谚语“天高皇帝远”所传达的那样。

1950 年代毛泽东主导的土地改革(包括土地的重新分配和使用)就开始了经济去集权化的过程。具体说来是在 1956 年 4 月召开的政治局会议上毛泽东谈到了中央和地方的关系。毛泽东认为,应当在巩固中央统一领导的前提下,扩大一点地方的权力,给地方更多的独立性,让地方办更多的事情。他进一步指出,中国地方大,人口多,情况复杂,因此调动中央和地方的积极性很重要。

---

① 中国改革的非常规性质在钱(Qian 1999)的笔下有很好的表述:“中国的改革路径和与之相伴的高速增长似乎违背了传统学说的基本要求。尽管中国也采取了许多经济学家们所倡导的政策,如开放贸易和投资、保持宏观经济稳定等,然而对于传统标准下政策方案的违背也极为显著。”

有些学者认为，毛泽东的治国方法是“政治集权”但“行政分权”（Blanchard and Shleifer 2001），这为邓小平后来的改革奠定了良好的基础。直到1990年代初期朱镕基的任期内才尝试再次将一些经济职能收归中央，如税收和财政，以确保中央占有更高比例的税收收入。

中国多年来的改革特色之一在于地方有较大程度的自主权，对此观察者们有多种论断。钱（Qian 1999）认为，中国实行计划体制伊始，地方就拥有较大的自主权，地方政府在经济决策和资源分配上扮演着重要角色。而中央计划通常是对地方计划的粗略汇总，并不全面，且不是很“紧”，这意味着对完成计划没有太大的约束力。这些明显的特点使得中国的情况同中国所学习的“苏联体制”迥异，这对于中国改革的进行极为重要。

地方自主权的一个表现是注意发挥基层的积极性。在先试点再升格的试验路径之下，中央采取一种允许地方做出改变的态度，这为变革自发地发生创造了丰富的空间。

学者们对于中国在改革之初缺乏一个全面的改革蓝图的现象提出了多种解释：需要在“文化大革命”结束伊始处理各种突发情况；不同级别的管理和权力层存在利益分歧，无法达成共识；国家转型的过程过于复杂，规划起来极为困难（Garnaut and Song 2004）。

不管是什么原因导致了这一现象，对于非计划内的非常规做法的容忍让改革更具动力，使改革的积极性自下而上地扩散。那些成功的做法会被其他省份效仿，逐步积累，最终升格为国家政策。试验一般在地区/城市、经济部门或企业的层面开展。若失败，试验就会停止；若成功，新做法就会应用到其他地区和企业。

麦克米伦（McMillan 1994）认为：“政府在改革中的角色通常

是允许变革而非发起变革。许多变革，尤其是农业上的变革，是从基层发起，之后才受到中央政府的认可。”其中一个例子是广为传议的农村家庭联产承包责任制。在前文中已提到，家庭联产承包责任制是先由安徽省的十多位农民自发实行的，他们通过按指印结下临时契约，确定了一个非正式的土地承包方案。从 1978 年起，国家开始尝试调整农业政策（Naughton 2007）。受此促进，农业集体拥有了更大的自主性，开始探索开展更加激进的改革。同样地，国有企业的改革也从地方破冰，发轫于四川省，受到了当时的省委书记的支持。随着这些改革取得积极的收效，更多的力量开始支持将试点扩大。到 1981—1982 年，家庭联产承包责任制跃升为国家方案，为包产到户的做法厘清了轮廓。到 1982 年底，这种农业组织形式扩展到了超过 90%的农村家庭。

对改革的长期承诺

根据第四章的讨论，要传递“发展即变革”的理念，需要满足一系列的要求：持久恒定的发展远见；在贯彻发展战略中坚持渐进主义，因为这样才能减少干扰，增加成功的概率，并且留给人民足够的时间适应政策的转变；根据不断涌现的新的现实需求给予政策一定的弹性空间或许要比基于经济常规预先制定一个改革蓝图更加有效。

社会经济的转型本身是一个长期渐进的过程，在中国发生的剧变也需要时间。中国政策改革的步调也是相对缓慢的，这使得个人和机构都有机会调整自己的思维方式、选择偏向和期待，以跟得上改革的步伐。

在党内，关于如何定位发展战略和设定改革步骤的争论从未停歇。然而任何争论都不能使改革偏离其基本轨道，或是扰乱邓小平早在1970年代末提出的发展愿景。党内的核心领导层一致深切地致力于推动中国的长期发展，并对发展路径持有清晰而切合实际的认知。屈辱的近代历史、动荡的内战时期以及中国共产党的最终胜利，都给中国共产党留下了不可磨灭的印记，让其政策方针无不致力于推动经济的发展和社会的进步。若某个具体的政策产生了积极效果，该政策就会继续下去。中国政府在贯彻其发展战略的过程中，是务实且善于达成民意共识的。

在改革的过程中，政府的角色也在不断演进。自改革开始，政府逐渐不再直接干预经济和人民的生活。法律、贸易和市场经济相关的事务由新成立的或改造过的机构负责管理，但这并不意味着政府的作用有所减弱。相反地，政府在仍保有一些旧有职能的同时又进入了新的领域（Saich 2003：33）。和大多数其他国家不同，中国的党和政府有重大的角色分工，党的工作是负责确定总体纲领和政策方针，而政府是执行这些纲领和方针的主体。这种情况也植根于中国的历史和文化语境。中国长期以来就有政府“积极”干预社会经济的传统。如果没有强有力的政府，恐怕国家会迅速陷入混乱和动荡（Nolan 2004）。为维护其执政的合法性，党会定期开展运动，打击腐败，保证领导干部对党的权威的服从，并努力为人民服务。

中国在改革转型期保持了相对的稳定，这同东欧和苏联所经历的政治动荡形成鲜明的对照。中国的稳定为投资、财政稳定和市场的逐渐成熟提供了良好的环境，也确保了政府能够稳健地持续为改革掌舵，并能够及时干预调节市场，以应对其他社会经济运行失灵的状况。

中国的发展经验可以归结为以下几点：

- 强烈的发展愿景以及对发展的全力促进。
- 采取地方积极试验探索的试点路径。

- 为改革集聚民意。
- 接受部分改革——即使改革仅在一个经济领域生效，也乐见其成。
- 更关注改革的结果和产出，而非改革的方式，甚至是改革本身，改革所要遵循的原则。

观察者多用“渐进主义”来界定中国改革的性质和路线，然而就渐进主义应当做狭义还是广义的理解一直存在争议。狭义上的渐进主义指改革的某个节点会引发经济上的突发情况，因此需要进一步的改革予以应对；广义的渐进主义指预留出足够的时间让人民消化和接受改革和新政策。

黄（Huang 2002）为改革划分了不同的阶段。他认为“渐进式”的描述更加适用于1980年代的改革政策，而非1990年代的政策，此外，这一描述同对外开放方面的改革更为相符。另一种观点认为，中国的改革是间歇进行的，否则在进行1980年代的改革之时本可以自然而然地“预料到”1990年代更为深入的改革浪潮。这种观点或许在国有企业改革上是成立的。1990年代的国有企业改革如果延续之前的思路，就可能会出现与现在大为不同的局面。但恰恰相反，政府巩固了自己对国有企业的掌控，并运用激励机制让国有企业强化了自身的竞争力。

无论在何种意义上使用“渐进主义”，我们都需知道，一场深刻的改革即使进行得极为缓慢，也不可避免地会带来微观层面上天翻地覆的变化，如土地包产到户、引入市场机制、放开地方经济特区、在国有企业实行激励机制、对公务员进行业绩考核、打破终身任职的铁饭碗等等。因此，尽管西方普遍批评中国的改革进程过于缓慢，中国国内却往往会出现改革操之过急的声音，因为每个改革举措都会对整个国家的社会、政治、体制和组织等各方面带来震动性的余波。

中国的经济成就让许多经济学家撰写了大量的著述宣传渐进式改革路径的益处。然而中国取得成功的内在原因要更加深刻。本书主要强调以下四点：

地方自主性和试验探索

或许论证中国改革的“渐进主义”的一个主要论点是中国改革采取了一种试验探索的策略，先在外部省份的有限区域内试验新的思路和模式，在证明成功之后将这些思路和模式扩大，直到上升为国家政策。有时新思路也会在外部省份发端，这是中国改革的另一个特点，下文将有所论及。

这种策略除了能够避免代价高昂的错误和激励改革创新，还能够为审慎的分步决策提供空间，从而为进一步改革建立起更大的共识，聚集起更强的民意。不过有些改革仅限于某些地区的事实也造成了今天的区域发展不均。哈罗德（Harrold 1992）认为：

> 或许这种地方化的改革路径的最大优势在于形成了支持改革的利益群体，并且为改革行动和基层的自发改革创造了环境。许多中央的改革是促进性的，作用在于取消中央的禁令，让改革迅速扩散，从而树立起改革的信心，形成利益洼地，走出改革的新路子。

这种试验主义路径的运用最为显著——也是最富争议——的领域是体制改革。一些传统经济学家认为中国的体制改革拖了经济增长的后腿，然而也有相反的观点指出，在中国的国情下，体制改革推动了经济增长，甚至对增长是必要的。钱（Qian 2002）说道：

> 尽管建立最优实践体制是理想的目标，然而体制调整是一个结合现实国情不断变动的过程。中国和俄罗斯的不同并不在于中国建

立了最优实践体制而俄罗斯没能做到，而在于中国建立起过渡性的体制。

为了理解处于过渡期的发展中经济体如何进行改革，我们需要拓展对体制的认知。仅研究我们所熟知的发达经济体中的传统体制形式并将其作为理想的改革目标远远不够，还需研究我们尚不够熟悉的处于过渡期的社会体制形式。明白传统的最优实践体制同过渡性的体制之间的区别十分重要。

中国的这种极具特色的改革路径有一个重要特征是，改革所经历的是自上而下还是自下而上的发动过程变得模糊不清，甚至也不再那么重要。海尔曼（Heilmann 2008）对此的评论非常扼要："辨析自下而上（自发的）和自上而下（动员式的）的改革探索的发起过程几乎没有任何意义，因为中国的改革路径两者兼有。在重大的改革试验初期，地方的自发探索和中央的支持同等重要，两者缺一不可。改革探索过程中的张力恰恰存在于中央和地方之间的互动上。"中国在政策制定上的适应能力已经超出了仅在地方修补调整的范围，或许更恰当的描述是，"在等级体制的覆盖之下，地方有远见地进行探索调整，继而为高层不断地设定和修改大政方针服务"（Heilmann 2009）。

下文还将更加细致地讨论这种独具中国特色的体制机制。

凝聚改革共识

中国所采取的渐进式改革路径的一个关键侧面在于其提供了一个更加平顺和易于接受的改革过渡期，这对于改革最终取得成功意义非凡。在改革的过渡期不可避免地会出现利益受损者。避免有人因改革出局是 1979 年以来的中国改革所遵循的一个隐含的指导原则。双轨制（见图 5-1）就是这一原则的具体展现（Lau et al. 2000）。

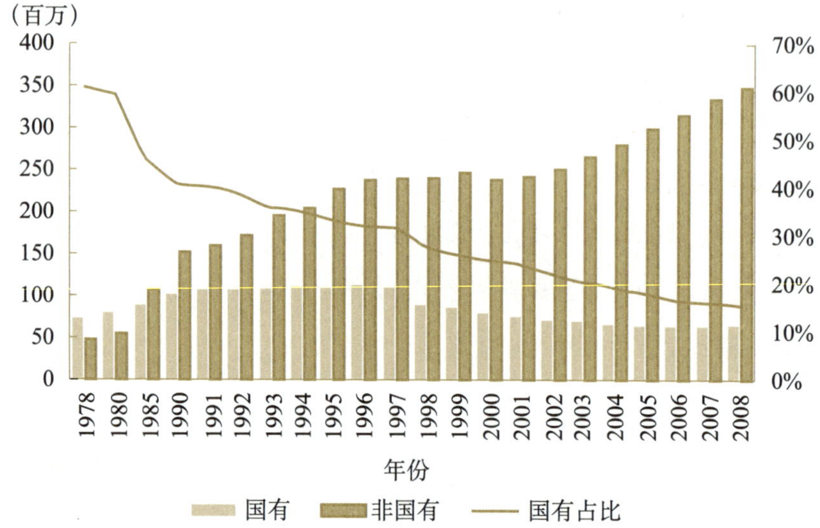

图 5-1　非农就业人口的双轨制分布

资料来源：NBS. Based on Lau et al. (2000) and updated.

同诸多东欧过渡经济体所经历的“大爆炸”相比，这种方式使社会、经济和政治都免于动荡，也减少了改革的阻力，因为改革时潜在的利益受损者能够得到补偿，不至于变得流离失所，而且改革者也可以利用充裕的时间和稳定的社会空间来重新引导人们的生活选择和期待（Naughton 1994a）。

许多观察者也指出，更为关键的是，不断增长的私营经济能够有效地倒逼国有企业提高生产效率，否则国有企业将面临被私有化或员工大规模下岗的命运①。

虽然人们普遍承认在国有经济领域保持就业稳定和收取经济租金抑制了效率的提高，但这也避免了更加激进的改革会产生的社会动荡。那样的话不仅改革的社会成本会大大提高，改革自身的效果也可

① 比如，见 Naughton（1994b），在 1978—1991 年间，国有企业的产值年均增加 7.7%。

能会受到侵蚀。

此外，还有观点认为，渐进的改革过程能够充分满足社会期待，保持经济环境的稳定，从而使社会维持较高的家庭储蓄率，为资本快速积累提供条件（Naughton 1994b）。按照这种观点，不应该只看到要素积累的表面价值，还应更加细致地剖析其背后的隐形价值，这是由中国改革的特点决定的。

中国的经济双轨制可以看作是对改革的潜在利益受损者进行隐性的一次性转移补偿。事实上，产品市场已经接近完全放开，因为转售、倒卖和分包是被允许的。不过劳动力市场和房地产市场尚没有放开到同等程度。

这种路径同“大爆炸”的思路完全不同，后者假定某种体制在不同的社会之间有着高度的可移植性，其背后所反映的是现代经济学的基本范式——趋向平衡的运作，即“只要设定好价格，其余的自会变好”。而实际上，正如中国的经验所展现出的，社会变革是极为复杂、不可预知的过程。

部分改革

渐进主义的另一个侧面是只对某些经济领域进行改革，而且许多领域只是沿着双轨制的方向进行了部分改革。有观察者指出，更加市场化的领域比尚未市场化的领域取得了更快的增长。这种结果并不令人吃惊，因为开展市场化的目的就在于此，然而这并不意味着所有的经济部门一并放开会取得更好的总体效果。因为在不同的经济领域之间选择合适的顺序先后进行改革有利于保持社会稳定，逐步为改革赢得支持，否则可能会适得其反。

这种试错式的方法和改革过程中的“路径依赖”是理解“社会主义市场经济”以及中国改革者的指导思想和战略决策的关键所在。鲜明的中国特色和务实倾向是中国改革历程的核心特征。尽管这在一些人看来显得异类，但无法否认这样的改革没有成效——虽然也可以总去设想若是采取其他的改革路径，中国还可能取得更高的增长。

经济学理论发展了“次优”的概念，这一概念是指那些并不完美但鉴于条件的制约次于最佳选择的方案。中国的诸多体制改革属于对次优方案的采纳，如乡镇企业的集体所有制属性、价格双轨制以及财政承包制等①。

钱（Qian 1999）评论说：

> 通过一系列的试验和探索，中国建立了一套过渡性的体制，其中许多体制采取了非常规的形式。它们是次优解决方案，但却对改革和发展起到了有效的促进作用。因此，中国在这一阶段的改革比 1990 年之前东欧国家的改革要更加深入、持续和全面。这也解释了为什么改革在中国而非在东欧取得了成功。

务实思想（没有“最优”政策）

渐进的改革路径在本质上反映了中国领导层的务实态度。初步的改革举措往往会带来新的问题。为解决新的问题，又要以同样的务实倾向出台进一步的改革措施。中国领导层应对不断出现的新问题的能力是中国改革成功的重要一环（Naughton 1994b）。

这种务实倾向也体现在中国领导层对于突发情况的容忍上，他们乐于接受非常规和意料之外的事态走向，只要能够取得他们所要求的结果——主要是经济增长。或许最突出的例子是乡镇企业。乡镇企业在 1980 年代和 1990 年代初的中国经济增长中发挥了重要作用，这是

① 诺顿（Naughton 1996）、奥伊（Oi 1992）和罗斯基（Rawski 1999）已从多方面对此进行过讨论。

谁都未曾预料到的，包括邓小平自己（Deng 1994）。

邓小平的几句名言“走一步看一步”、“摸着石头过河”和“实事求是”，无不清晰地体现了、塑造了中国改革路径的务实思维。这恰好和瓦茨拉夫·哈维尔在东欧改革上的看法“你不可能跨两步跳过鸿沟”形成了相关而有力的对照（Bhagwati 2004）。

这种渐进式的务实策略也意味着对意料之外的需求和挑战做出反应。比如，从乡镇企业开始，非国有企业的兴起带来的市场竞争促使国有企业实行了一系列的管理改革，包括利税改革、给企业更多的生产自主决定权、给企业更大的管理自由度等等。企业层面的改革反过来突显了在宏观层面做进一步调整的必要性，从而积极推动了宏观政策的变革（Bajpai and Jian 1996）。

这一过程同几位学者提出的“诱致性制度变迁”的概念相吻合（Lin 2004；Chen 1993）。因此可以说中国改革中的务实思想体现为改革采取了从现实需求出发，以取得成效为基础，同时兼顾风险防范的路径。罗斯基（Rawski 1999）则进一步指出，中国改革的最大特色在于其互动性。

社会能力

对社会能力的投入不仅能直接拉动经济增长，也有利于实现转型发展的前景。对此可以提出以下几点主张：

a. 社会政策的重要性。在人力资本上的投资是推动和维持发展的先决条件。

b. 政府可以积极发挥自身作用，通过公共投资、调整规范和制定政策来创设相关的机制，提高社会能力，从而实现社会经济的转型。

i. 要成功地实现转型式发展，强力的机制必不可少。

ii. 应建立结果导向型政府。

c. 良好的社会资本和社会凝聚力有助于社会在改革洪流中实现持久的稳定，并能够通过影响一系列文化因素来促进增长，比如提高职业伦理水平，让社会对改革持开放心态，从而为改革凝聚共识，抚慰改革中的利益受损者。

d. 优质、协调的社会资本能够降低风险和其他交易成本，同时可以促进信息和资源的流动，减少或抑制个人对期望道路的偏离。

人力资本的构成

当某个国家发展落后却没有任何资本时，是没有太大的发展潜力的；只有当一个国家技术落后却社会发展先进的时候，这个国家才具备巨大的发展潜质。

——阿布拉莫维茨（1986）

人力资本的发展，尤其是医疗卫生和教育的进步，为经济增长提供了重要基础。中国的情况可以分两点讨论：一是中国在改革之前，人力资本就有了长足的进步，这对于1978年之后的改革取得成功至关重要；二是即使在增长提速、收入跃升之后，人力资本的提升仍然是中国的工作重点。这些都使得广大民众，尤其是劳动者和管理者，在新的激励机制和机遇之下能够做出有效的反应。

之前的章节已经论述了人力发展同经济增长之间的理论联系。不过在中国，人力资本的提升同经济增长之间有着时间差。鉴于中国幅员辽阔和国情复杂，在解释人力资源的发展对经济的贡献时要更加细致。中国在1950年代和1960年代对人力资源发展进行了大量的投入，也进行了影响深远的社会改革，使中国的社会语境有了深刻的变迁，为邓小平引入的市场化改革和有利于市场发展的政策提供了“原始”条件。数位经济学家对这一关联有所论及（Zhou 1984；Qian and Weingast 1996）。若没有毛泽东时代对社会的彻底改造，邓小平的市场化改革也不可能取得成功。比如钱和温家斯特（Qian and Weingast 1996）就认为，“虽然毛泽东向地方分权并不是为了促进市场发展，但他的分权措施给国家体制带来了深远的影响，现在看来也为后来出现的中国特色国家管理制度播下了种子”。

教育

中国历来有重视教育的传统。中华人民共和国一成立就开始大力发展基础教育。中国所取得的成就很大一部分要归功于大众教育的广泛普及和劳动力教育水平的快速提高。

中国共产党第十七次全国代表大会在号召建设小康社会时再次强调了教育同实现社会公平和现代化建设之间的关系。建设小康社会的关键在于优先发展教育，建设人力资源强国。教育是民族振兴的基石，教育公平是社会公平的重要基础（UNDP 2008）。

政府发展教育的核心举措之一是实行九年义务教育，保障公民的受教育权。到 2004 年，九年义务教育已经覆盖了 92.6%的人口。中小学入学率连年增加，到 1990 年代末已接近 100%。到 2001 年，全国九年义务教育的完成率达到 75%。

同样地，中华人民共和国成立以来，扫盲运动从未停止过。1964 年中国的文盲率高达 33.6%，有 2.33 亿人不识字。到 1982 年，文盲率已降至 22.8%，大约为 2.3 亿人。到 2000 年，文盲率就只有 6.7%了，相当于 8 500 万人[①]。

① 数据来自第五次全国人口普查。

从小学、中学到大学专科及以上，中国所有学历层次的受教育人群都迅速扩大。到1980年，15～64岁的中国人平均受教育年限已经达到4年以上（见图5－2），这是相当不错的水平，对于改革的开始提供了可贵的先决条件。大多数关于中国的实证研究在计算教育对于经济增长的贡献时会考察受教育水平的不同对工资差异的影响，将工资大致等同于劳动力的边际产品，并据此估计出教育对增长的贡献。这些研究得出的结果大多认为教育对中国GDP增长率的贡献至多为1％（Perkins 2006）。然而这也明显大大低估了教育对于经济增长的作用。大部分测量教育对经济贡献的模型没能将教育本身的外溢效应纳入考量，因为人与人之间可以相互学习，而且人们的受教育程度越高，就更愿意学习。这些模型也大多未能涵盖教育对社会资本的影响，比如，教育能够促进社会观念的开放，增强对社会进步的渴求。

1985年5月，中央发布了《中共中央关于教育体制改革的决定》，提出，“把发展基础教育的责任交给地方，有步骤地实行九年制义务教育”（UNDP 2008）。虽然将教育的管理权下放给地方的做法是好的，但中央却没有相应地给予地方足够的财政支持，这导致了贫困县没有足够的财力普及九年义务教育。在1994—2001年，乡镇政府承担了接近4/5的义务教育支出，省级政府承担了大约11％的支出，县级政府的承担量为9％，而中央政府只承担了不到2％的相关支出。这种情况到2005年有所改变，国家开始探索建立更为可持续的九年义务教育财政支持体系，让中央和地方的资金更加平均地分担教育支出。

为了回应城乡收入水平差距不断扩大的担忧，教育支出开始更加向农村地区倾斜。2006年，70％的政府新增教育开支被用于农村。到

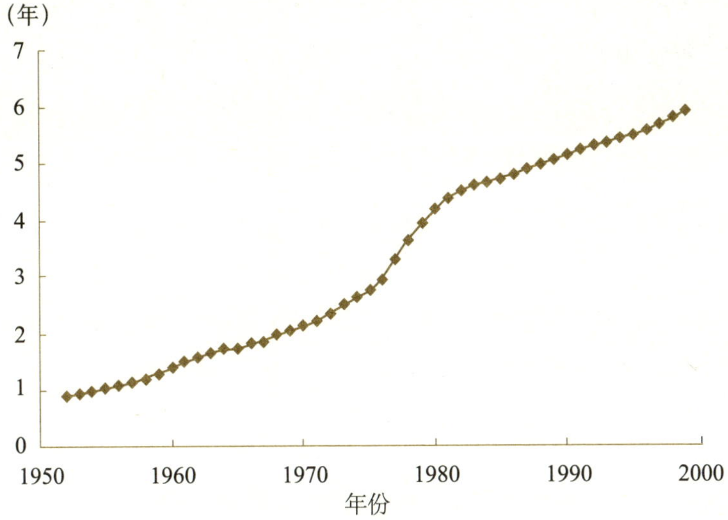

图 5-2　中国 15～64 岁人口的平均接受教育的年限（1952—1999 年）

资料来源：Wang and Yao (2003).

2007 年，全面普及小学教育的目标已基本实现，提前多年完成了联合国千年发展目标所设定的愿景，中国的部分教育指标已经接近或超过发达国家。

不过，挑战仍然存在。中国的教育支出占 GDP 的比例仍然低于美国的 5.4%。中国的年均实体投资与人力资本投资之间的比率要远高于世界上大多数国家（Heckman　2003）。

医疗卫生

在医疗卫生方面，中国的人均寿命从 1981 年的 67.8 岁稳步提高到 2007 年的 72.4 岁，如图 5-3 所示。同教育一样，中国医疗卫生各项指标的大幅跃进早在 1950 年代和 1960 年代就已经发生。孕产妇和婴幼儿死亡率也在同期迅猛下降。并且同教育方面的数据类似，不同省份之间的情况也有较大的差异，比如孕产妇死亡率上海是万分之 9.6，而贵州为万分之 111.0。此外，在不同的群体之间情况也大为不同，比如农民工只占城市孕产妇的10%，而2/3的孕产妇死亡却发生在这一群体中。

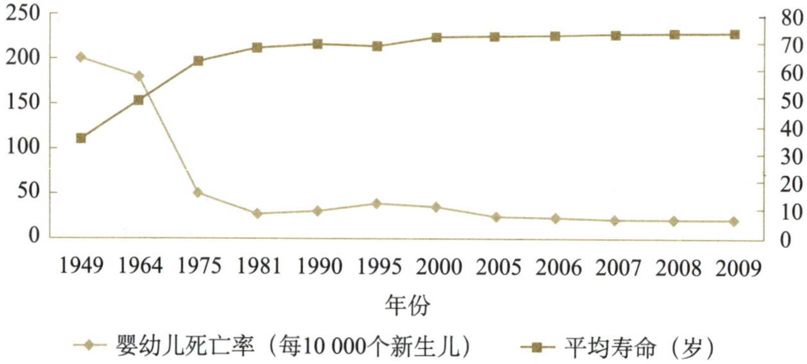

图5-3 中国的婴幼儿死亡率和平均寿命

资料来源：World Bank (2010).

虽然自改革以来人民的健康水平持续提高，但政府在医疗卫生方面的支出却没有相应地增加。

从1980年到2000年，随着社会运作越来越依靠市场，国有单位同社保供应脱钩，中国政府在提供医疗卫生服务上的支出占GDP的比重逐年下降。近年来这一趋势有所逆转，但也只是小幅（10%的幅度）降低了家庭的医疗支出比例。中国在医疗卫生上的支出一直不足。2003年的非典疫情突显了中国的公共卫生体系存在诸多问题和缺陷。在这一领域的投入不足也使得中国在医疗卫生领域的表现不尽如人意。在世界卫生组织2000年对191个国家的医疗卫生体系进行的评估中，中国在医疗卫生上的总体表现排名第144位，在财政对医疗卫生支持的平等度上排名第188位。

这些都使人对未来感到担忧。在1970年代，中国被视为发展中国家中普及基本医疗保健的模范，“赤脚医生”制度更声名远播。但如今中国的领导者和大众都承认中国在提供医疗保障上极为不均，不均的问题在农村和城市地区都存在。如此种种问题都使国家开始着力于全面的医疗体制改革。

人力资本发展及其对于增长的推动作用

很多评论者指出，东亚国家对于大众教育的重视由来已久。2001年，世界银行的一篇研究人力资本对经济增长影响的论文认为，人力资本在中国的经济增长中起到了重要作用（Wang and Yao 2003）。然而此项研究未将人力资本纳入TFP的估算范围之内。研究也发现，TFP的提高同样十分重要，为中国经济增长贡献了2～3个百分点。这项研究在关于中国经济增长原因的论辩中持中正立场，认为要素积累和生产率的提高都对推动增长有着重要作用。研究者进一步得出结论认为，要素积累的重要性似乎在不断下降，TFP将是未来中国经济增长的关键驱动力。

布卢姆等人（Bloom et al. 2006）通过对中国和印度的比较分析得出了相近的结论。他们指出，快速增加的人均寿命和生育率的下降帮助推动了中国和印度的经济增长，尽管这两个因素的作用都在中国表现得更加明显。人均预期寿命的增加是人民健康水平提高的标志。这一结论可以同其他研究相互佐证，包括布卢姆等人（Bloom et al. 2004）对不同国家经济增长速度的研究。这些不同的研究都一致表明，不断改善的健康和营养水平极大地促进了生产率的提高，拉动了中国经济的增长。

首先，经济和社会总体条件的改善使中国和印度的死亡率大大降低，包括婴幼儿死亡率的下降，因而年轻人群体不断扩大。这给东亚国家带来了“人口红利”，助推了东亚经济奇迹的发生。独生子女政策的推行致使中国的生育率急剧下降，劳动人口和非劳动人口之间的比率快速上升，在2010年达到2.5的峰值。而印度人口结构的变化更加缓和，这一比率预计会在2030年达到2.1的峰值。印度的人口红利仍待挖掘，而中国已经快速步入了人口老龄化的困境，有4亿人口正在迈向老年。根据《自然》杂志的预测，到2030年，中国60岁以上的老年人将占总人口的35%（Lutz et al. 2008）。

人力资本的投入还有另外一个效用，即提高体制的效率。根据贾科夫等人（Djankov et al. 2004）的研究论文，每个社群或国家都有一系列的体制优势，这些优势的发挥很大程度上取决于其人口所形成的人力和社会资本。一个社群的人力和社会资本越雄厚，其体制优势就越具吸引力。格莱泽等人（Glaeser et al. 2004）认为，体制对经济表现的作用只是次要的，起主要作用的还是人力和社会资本。人力和社会资本能够决定一个社会的体制能力和生产力。在他们看来，东亚在战后所取得的经济成就以及中国近年来的经济飞跃要归功于有利于经济增长的政策，其中人力资本的投入发挥了至关重要的作用，而非管理体制。

政府机构与中国的体制

> 所有社会都需面对的核心问题之一是政府的角色定位。经济成功要求在政府和市场之间保持适当的平衡……这一平衡需要不断调整，也因国家而异。
>
> ——斯蒂格利茨（2006）

发展牵涉到管理社会经济的运作、处理公众关注的问题，这些都要依仗于不同机构——不管是政府机构，还是私营经济部门、民间社会、媒体、学术界成立的组织，或是其他社会政治团体——的组织和管理能力。政府尤其需要承担起自身的重要职责，维持市场高效运行，防范（或调节）市场失灵，避免（或补偿）不利的外部环境，并且为社会提供公共产品。第四章中曾强调过，在国家转型期，不同的发展阶段需要政府发挥不同的职能。之前曾取得过良好效果的做法如今有可能不再适用，一切都应当同新的生产方式相适应。

中国政府就很好地展现了一个积极的发展型政府的风范。中国政府对发展的热情是驱动中国经济发展的关键因素。政府在发展中发挥了积极作用并非偶然，因为特定的机构改革促使了政府行为的转变。中国的机构改革有两重目的：一是改变官员的人力资源结构，用年轻化、受教育水平更高的干部替换革命思想浓厚的老干部；二是进行广泛的管理和财政分权，给予地方更多自主权（Li 1998）。

政府机构改革的开展也是因为需要将其作为经济改革的先行军。早期的机构改革对于中国的经济改革起到了关键的支撑作用，因为邓小平认识到，激发政府机关的活力是改革必须走的第一步（Li 1998）。这一重大抉择的意义远不止于此。政府改革还能够减少改革的阻力，为改革凝聚力量，因为新任命的官员自然要向努力推动改革的领导人负责。

中国机构改革的巨大幅度令人惊愕。在短短两三年的时间内，中国几乎所有层次的政府机构焕然一新，图 5－4 清晰地展现出了这一点。1988 年，县级以上的官员中有 90%是 1982 年之后新任命的；与此形成对照的是俄罗斯的情况，俄罗斯在改革前后基层官员大体上未变更（Frye and Shleifer 1997）。邓小平对政府管理层的改造也提升了官员的能力：省长中拥有大学学历的比例增加了一倍多，部长中拥有大学学历的比例提高了 40%①。省委书记、市长和厅级领导以及县处级一把手的情况也是如此（见图 5－4、图 5－5）。

---

① 省长拥有大学学历的比例从 20%提高到 43%，部长的比例从 37%升至 52%。数据来自 Li（1998）。

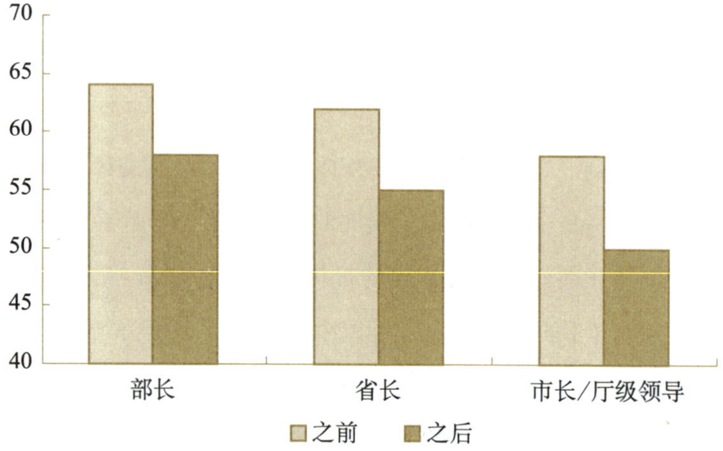

图 5-4　官员的平均年龄（1982 年改革前后，岁）

资料来源：Li（1998）.

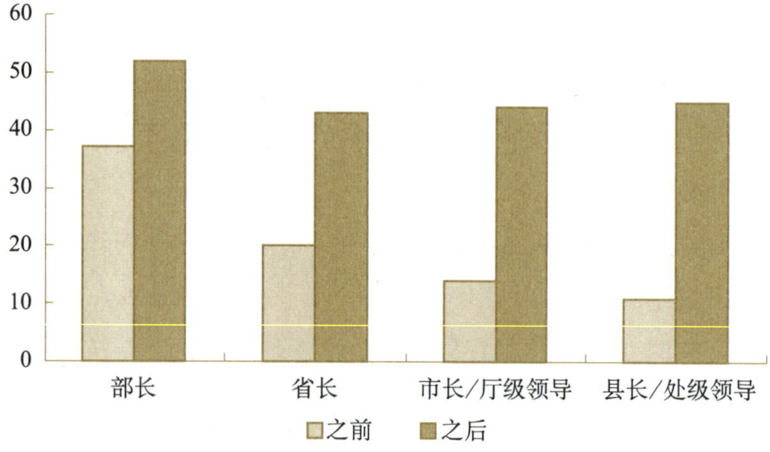

图 5-5　拥有大学学历的官员比例（1982 年改革前后，%）

资料来源：Li（1998）.

政府机构改革提高了官员的行政能力，更加有利于改革目标的实现，因为年轻、文化水平更高的干部更支持改革。官员能力的提升始终是工作的重中之重。在整个改革期间，官员的学历水平持续提高。中国的政府机构被塑造成具有强烈的结果导向性的机关，官员的升迁同是否能够完成中央设定的现代化和经济发展目标挂钩（Howell 2004）。

政府的转型以及下文将论及的一系列政府举措都说明中国政府总体上来说是促进经济发展的“扶持之手”。中国政府成功地将自己转变成一股支持经济改革和发展的力量。在前文所概述的转型框架内，政府的态度能够在一定程度上解释中国的发展成就。

产权与激励机制

体制机制可以影响和塑造人们之间的交流，不管是政治沟通、社会交往，还是经济交换。具体说来，“经济体制”是指产权制度和市场性质。产权制度是经济增长和发展的基石。经济学家认为：

> 高效的经济组织形式是经济增长的关键，有效的经济组织形式在西欧的发展是西方世界崛起的原因。（North and Thomas 1973）
>
> 只要将某个第三世界经济体的生产组织形式同另一个发达工业经济体的生产组织形式稍加对比，就会惊叹于不良或高效的产权制度所产生的巨大影响力。（North 1990）
>
> 缺乏有效的产权制度，个人就没有足够的动力去投资人力或物力资本，采用更加先进的技术。经济体制的重要性还在于它有助于最为有效地配置资源，决定谁能获得利润、收益和剩余控制权。（Acemolgu et al. 2004）
>
> 产权制度是市场机制的关键。（Rodrik 1999）

用这些观点来衡量，中国绝对非常特殊。中国的经验说明，控制权和剩余索取权所产生的激励效果同正式产权一样大。中国的情况能在这一点上提供令人信服的证据。我们常能听到一些反驳论调说，中国的经济增长是在国有经济之外发生的。这种观点具有一定的误导性，因为集体经济从许多方面来说是地方政府的延伸，同私营经济相比只是预算约束更紧且政府拥有剩余索取权而已①。本书的讨论明确显示，在“发展即变革”的论点之下，所有权改革的重要性不亚于产权制度改革。同样地，放宽国内市场准入和开放贸易可以给国有企业带来巨大的竞争压力，促进国有企业的转型发展，在这种情况下，私有化就变得没那么必要②。

林（Lin 2004）认为，稳步放开的政策可以立即施行，而“像法律制度和财政制度等市场支撑性体制的完善则要花费很多年甚至是几十年的时间。因此不管采取什么途径，任何国家要从中央计划经济过渡到市场经济都必然要经历一个渐进的过程”。

此外，也有观点认为，企业在从指令经济向市场经济过渡的初期缺乏标准化的资本主义管理纪律，因此需要国家来监督管理人员，将企业置于国家管理之下自然有助于对管理人员进行监督。中国的经验也证明，在这种经济体制过渡的情况下，实施管理激励机制足以刺激企业的发展——中国的国有企业在改革阶段表现强劲，也避免了东欧和苏联部分地区出现的趁着临时过渡期的相对混乱状态大肆掠夺公共资源的情况（McMillan and Naughton 1992）。

持上述观点的学者也指出，中国的转型过程是一个“诱致性制度变迁”的过程。在这一过程中，渐进式的变化不断发生，就如同在旧有的体制结构中形成一道道“裂缝”，并产生足够的“内驱力”，推动更为激进的“市场指向性”变革，但同时却不造成任何震荡，留给人们足够的时间去消化、适应变革。

这一结论得到了其他多个研究的佐证，比如陈（Chen 1993）就认为，中国特色的自下而上的变革之所以有效，是因为经济体制的演

① 见 Naughton（1996）、奥伊 Oi（1992）等。

② 见麦克米伦和诺顿（McMillan and Naughton 1992）等诸多其他学者的讨论。

进必定是一个自发的渐变过程。用哈罗德（Harold 1992）的话来说，即“一个领域的改革自然会促使其他领域的改革发生，为迫使进一步变革创造压力……政策制定者一般会顺应压力的要求，实施新的改革，而非施行行政保护主义，因为那样才最符合其利益，虽然有时进一步改革的出台会有较大的迟滞”。

近年来，中国又进行了一系列的改革，比如，2004年修改宪法赋予私有财产和公共财产相同的法律地位，强调依法治国的重要性，以及根据加入世界贸易组织的要求所做的许多改变等。一些人据此认为，这证明了“大爆炸”式改革思想的正确性（Sachs and Woo 2003)。然而这种看法没有认识到体制的变革需要时间，在对变革的需求又是如此迫切的情况下，要取得变革的成功，必须采取渐进的途径。

罗德里克（Rodrik 1999）为考察体制及其在市场经济中发挥的作用提供了一个实用的分析框架。根据他的分析，向市场经济的转变推动了中国经济的增长，然而要想使中国这样一个经济体成功运转，还需依靠多个非市场体制来执行某些职能，一般是用来规范或支持市场活动。罗德里克（Rodrik 1999）还提出了另一个重要的观点，即“市场经济的制度基础并非固定或唯一的”。

中国的所有制改革并不像有些研究描述得那样风云激荡，更没有大多数东欧和原苏联国家的私有化进程那么剧烈。在家庭联产承包责任制下，农民仍需完成国家规定的生产目标。改革后的国有企业的经理可以留存一部分利润，但监管部门有权任命企业经理。因此，诸多经济学家，包括诺顿，认为改革“通过收入和任命机制增强了激励效果，改善了国有企业的管理”(Putterman 1995)。

社会主义市场经济真的可行吗？中国的产权制度改革有限度地放

开生产权，让企业经理和农民拥有更大的自主权，可以独立决定生产事务，按市场信号而行。大多数研究证实，这一变革对经济增长做出了巨大贡献。比如，就有研究表明，78%～86%的农业增产可以归因于家庭联产承包责任制的实行。虽然争议仍在，但市场自由化以及生产决定权和收益权的下放都在经济增长中起到了关键作用。

尽管如此，对于所有制改革的意义及其对于中国未来增长的重要性仍存争议。很多人认为，未能把土地所有权完全下放给农民，抑制了农业增长。在工业领域，学者大多同意“非国有经济”的表现比国有企业好得多。私营经济的 TFP 是国有企业的 2～3 倍。但也有很多人指出，非国有经济涵盖了多种所有权制度。不管如何，我们都可以达成结论认为，“中国的产权制度改革是渐进的、有限度的放开。农业用地仍然是集体产权。此外，工业领域的所有制结构最大的变化是乡镇企业的崛起，而乡镇企业的组织形式是地方集体所有”（同上）。

公务员制度

中国长期存在着文官制度。历史上，中国由血脉继承的统治者统治，另外还有一支专业的文官队伍，文官主要通过竞争性的科举考试选拔。除了维持政府机构运作之外，文官制度还承担一个重要职能——推广特定的政治或治理思想。这同今天的中国政府在实施改革的同时还担负有巩固意识形态职责的情况形成参照。中国历史上评价所有君王都要看其“是否增进了民众的福祉”（Nolan 2004）。“小康”是一个儒家思想中的词语。现在中国政府用“小康”来描述自己的发展愿景绝非偶然，这不仅展现了中国文化的持久生命力，也强调了中国执政者“古为今用”的治国理念。

中国的官僚体系有其特定的文化根基。长期以来，中国的许多文人志士把走仕途当作发达的途径。官僚体系是连接道德价值观和社会的桥梁，能够“使社会基本信条、现行价值观与社会体制彼此交融、相互强化”（Dernberger 1980），成为社会的基本组成部分。通过官员选拔考试的人非常多，参加考试的人数自然更多。仅在18世纪，通过地方科举考试的就达406 000人。在更高层次的考试中，有约47 500人脱颖而出，获得走上仕途的资格（Feuerwerker 1976）。儒家思想认为，如果官僚体系变得腐败，就失去了其道德根基。治理国家要先赢得人民的信任，政府和人民之间若失去信任，社会就可能陷入混乱，政府的执政合法性也会削弱，皇帝或执政精英就没有了“天命”的背书。这样看来，毛泽东时代就提出党要“为人民服务”就不足为奇了。

到了更近的当代，公务员制度改革肇始于1980年。从那时起，执政者开始意识到国家急切需要“重新激发领导干部以及领导干部选拔机制的活力”（Howell 2004）。改革举措包括实行官员的固定任期制度，男性官员到60岁必须退休，女性官员55岁退休。此外，国家还大力提高领导层的素质，尤其注重选任更加年轻、受教育程度更高的官员。

治理国家需要保证上下级目标一致。这项“管理”任务在中国是如何做到的？国家的最高“管理者或领导者”只有30人左右，他们负责制定国家的大政方针，管理或引导大量的下级官员。黄（Huang 1998）在评论中国的政府组织形式时指出，中国能够实现普通公务员同领导人目标一致。尤其是中国的政治体制可以保证通过适当的激励机制和监控措施选拔出“合适”的人选在政府高层任职。中国是一个国情复杂的大国，国务院下设多个部门和省级政府，几千个县级政府以及数万个乡镇政府。因此，确保做到政令畅通尤为重要。

1990年代初期，中共中央直接任命大批政府官员，大约有4 100

名。这些官员负责监管数以万计的下层官员（Burns 1994）。同商业机构一样，当下层的利益同上层的利益偏离时，就会出现上下级之间的龃龉。而在中国，这一问题得到很好的解决，这也在一定程度上解释了中国如何能够在人口多资源少的巨大制约之下取得令人惊叹的经济和社会发展成就（Huang 1998，关于官员提拔与领导干部选任的评论）。

在选拔领导干部时最为看重的一点是，官员是否曾在不同的岗位上得到过锻炼和考验。比如在1980年代，担任关键部长职位的官员多从各省份的官员里选拔，而非从部内推选。这一惯例在今天仍然存在。唯一的例外是外交部部长，这个颇有影响力的职位人选一般只从外交官的队伍中推举。具有在各省区或基层的任职经历是选拔任用领导干部的关键条件。这是因为一般认为对省区官员表现的测评更加完备、客观，“同各部委的官员相比，官员在省区市职位上的表现更能展现出其是否适合担任国家领导人的职位”（同上）。

1990年的公务员制度和政府改革的推行部分是因为中央政策制定者发现推行经济改革异常艰难。虽然许多改革创新是“自上而下”地发起的，地方领导人在其中发挥了关键作用，但全国范围内的大规模改革却在地方被稀释，这是因为地方领导人更加担心新政策的实行可能带来紧张局面。这次官员任职制度改革的一个主要举措是，在选拔高层官员中注重考察官员的工作能力和业绩。对领导职位人选的考评范围进一步缩小为三大块：经济发展、社会和精神文明建设以及党的建设。因为中国共产党非常重视经济的增长，经济发展是对官员最主要的考评标准。是否能够完成经济发展目标同官员的仕途和奖惩挂钩。地方官员又接着把目标“分包”给更下级的官员（Chou 2005）。

1980年代开始的政府改革也强化了官员问责。财务制度和审计制度得到了大幅度的完善和升级。从 1990 年代初起，会计标准越来越向国际标准靠拢。专家认为，“除了一个例外，中国的会计标准同国际标准已没有重大差异”[①]（Narayan and Woolcock 2000）。

对公务员的表现实行同行互评，近来又开始对政府提供的社会服务进行群众满意度测评，这些举措都使中国政府加快转变成以驱动发展为宗旨的服务型政府。各项考核评价制度的不断完善将政府机关塑造成公务员职业发展的家园，领导干部对下属不再有“生杀予夺”的大权。这种考核制度也有另一面，在这种制度之下，公务员可能会有“操纵”考评结果之类的行为，这让旨在提高行政效率和政府能力的政府改革无法收到预想的效果。周（Chou 2005）也指出，实行绩效考核的改革在政府机关内部遇到了实在的阻力。考核制度中的模糊之处为地方进一步改进制度创造了空间，但也为考核中的利益相互输送提供了方便。

能力提升始终是政府改革的重中之重。官员的受教育水平在整个改革期间持续提高（Howell 2004）。1998 年，接近 90%的局级领导拥有大学本科或专科学历。1980 年时，超过 80%的省部级官员年龄达到 60 岁以上。到 1998 年，该比例已降至 54%左右。在改革的塑造下，官员队伍的工作方法尤其注重结果导向，官员的仕途走向同中央目标的完成情况紧密相关（同上）。此外很有意思的一点是，经济和人事管理制度的权力下放并未导致党主导改革能力的弱化（Landry 2003）。

我们可以得出结论认为，中国政府既能够为推动经济发展提供“扶持之手”，也可以有力地引领一波接一波的改革浪潮。相比之下，俄罗斯的“大爆炸”式转型方式不仅留下了政治/领导层真空，

---

① 这个例外是若库存损坏或过期，且没有相关的规定和条款时，账务处理需取得会计和相关领导的一致同意（Howell 2004）。

而且使政府力量受到了极大的弱化。其结果是：一方面，政府被强大的利益群体所掌控，腐败和裙带关系盛行，政府往往沦为“掠夺之手”，抑制经济增长和社会发展；另一方面，在很多地方，政府消失殆尽，人民不得不依靠社会关系网和其他的非官方系统获取社会服务。

中国社会的基础体制

这里的“体制”是指无形的制度而非实体机构，具体包含了社会准则、规范和价值体系，以及社会运行所仰仗的经济、法律和政治基础。但是为了本节的讨论更方便，它不包括像司法体系、政府管理体系和国家银行体系这样的行政体系。

大多数学者对体制持有广义的理解，认为体制要比单个的法律或规范复杂得多，也包含个人的行为准则、思想期待以及对社会制度的反应。同样，体制改革也绝非在某一时间节点开展的一次行动，而是基于原始的条件不断做出选择的动态过程。这意味着体制改革必然要以一种渐进的、自然的方式缓慢展开，一般需要数年甚至数十年才能完成。多位学者认为这种解释符合中国的改革经历①。

陈（Chen 1993）提道，或许中国的改革领导者对于改革的一大贡献是谨慎决策，并不仓促压制“违规”的实践。相反，“他们让时间来检验和评判。这种对于异端的容忍推动了体制建设的创新。这种中国改革的渐进特色并非是中央政府有意而为之，而是改革过程中多个相左的方案不断尝试、犯错和妥协的必然结果。中国的成功实践说明，在改革中为学习和调整提供必要的时间是一种有效的做法”。通过试验和探索，诸多过渡性的体制开始成形，其中许多体制的形式超

① See，for instance，Chen (1993)，Lin (2004)，Rawski (1999)，Perkins (1994)，and Qian (1999).

出常规，更加符合中国的特殊国情。例如，双轨制很长时间后才逐步被更加接近国际标准的体制所取代。钱（Qian 1999）再次评论说："这种渐进的过程同东欧国家在建立新体制之前就把旧体制摧毁殆尽的做法迥异。"

另一个例子是财政分权。中国从1980年代中期开始实行新的财政划分，林和刘（Lin and Liu 2000）在考察其对经济增长率的影响时得出了两条重要结论：一是财政体制对经济增长确实有重大的影响力；二是同增加额外投资相比，财政分权能够提高资源分配的效率，更加有效地拉动经济增长，这一点可以通过数据得出。

好的体制可以通过提高投资水平促进经济增长。比如，好的制度能够在成立新企业时减少繁文缛节，节省成本。此外，优越的体制能够保证产权界定清晰，从而提高投资的效率，虽然可以支持这一点的实证性案例较少（Aron 2000）。而有趣的是，克莱格等人（Clague et al. 1996）的研究发现，政治体制的特点和稳定性是决定经济体制的重要一环。

中国的体制同西方经济学教材设定的体制大不相同，这一点是毋庸置疑的。有争议的是中国特色体制的效用。萨克斯和沃（Sachs and Woo 2000）认为，中国的经济发展能取得成功是因为中国的体制一直在改革，在未来终将达到市场高效运转、产权界定明确的状态，只是实现这一目标还需要通过试验探索进一步做出改变。也有人像钱和温家斯特（Qian and Weingast 1996）一样把试验探索的改革路径看作中国在特殊的政治和社会语境下必然选择的最佳策略，这一策略要求必须忍受一定的低效资源配置。出于不同的原因，这两种观点都不愿承认中国的渐进式改革之路为国家转型提供了空间，从而为推进改革进一步开展打下基础。罗德里克（Rodrik 1999）指出，争论"大爆炸”式改革和“渐进”式改革哪种更好并没有充分考虑到改革的体制语境。波兰的“大爆炸”式改革能够成功是因为“该国对未来有明确的目标：加入欧盟，成为‘正常’的欧洲国家。全盘接受欧洲体制不仅是改革的手段，也是波兰向往的改革终极目标”。

中国的非常规体制

中国独创的财政包干允许地方政府保留承包额之外的财政收入，且边际留成率较高，这让地方政府的利益同本地经济发展情况密切相关，在把地方政府转变成地方经济的“扶持之手”中起到了基础性的作用。在财政包干的激励之下，地方政府开始扶持经营情况较好的非国有企业，改制经营不善的国有企业。（注：财政包干是在中央政府和各省级政府之间尝试做出的双边安排，规定省级政府按固定或递增的比例或份额将税收上缴中央，不同的省份上缴比例皆有差别。在1990年代初，省级政府可以留存平均90%的本地税收收入。大约70%的省份可以成为“剩余占有者”，保留全部的税收增量。）

早期的改革（1979—1993年）通常会利用承包责任制来激发某些主体（如农民或国有企业经理）的积极性，同时通过诸如收取租金的方式保护政府的既得利益不受损失。

乡镇企业也是一个很好的例子，能够说明中国的改革是如何在缺少产权保护的情况下有效地调动市场的力量的。乡镇企业的产权一般归地方政府所有。它们能够为地方和中央政府都带来税收收入，因此符合地方和中央的双重利益。此外，税制改革使地方政府更加依赖乡镇企业创造的税收来提供预算资金，这进一步激励了地方政府进行市场化改革。

价格双轨制则一方面规定农民必须将定额的谷物和其他农产品出售给国家，另一方面允许农民按照市场价格出售剩余的收成。定额之上的余量产品的价格自由化引入了市场激励机制，转变了人们的思想观念，但改革在开展市场化探索的同时也保留了原有的体制。双轨制后来也被用于其他关键经济领域的改革，包括外汇、劳动力、住房、社保和所有制等方面的改革。

社会资本（和社会凝聚力）

得益于种族构成较为单一、历史上社会相对平等、没有宗教派别对峙等优势，中国有着较强的社会凝聚力。改革之前的经济政策又饱受挫折，这使得人们普遍支持改革。这些都让中国社会对改革举措和新的激励机制反应积极。可以说，社会对改革的积极响应克服了新引入的不完全市场机制的缺陷，推动了经济的快速增长。

改革的成败最终还要取决于人自身，尤其是人们的态度和举动。中国的改革实践生动展示了改革可以不是政府下达改革决定，然后企业和个人予以响应，可以以一种各方积极反馈、不断互动的有机过程展开。简而言之，改革不是一次行动，而是一个过程（Rawski 1999）。中国人民对政府高层以及中国政体的动员能力抱有相对较大的信心，这有利于社会在改革期间保持稳定。中国社会中非正式的信任机制又抵消了缺乏正规的契约机制的不利影响，能够打破不完全市场机制的制约（非正式的信任机制具体是指关系的作用，“先谈交情，再谈生意”）。

补偿利益受损者，凝聚改革共识

许多观察者认为，中国改革经验的一个重要部分是尽量减少改革的利益受损者并且给予他们补偿，这实际上使改革变成一种帕累托优化（Pareo-improving）的过程[1]。在改革之初，全部或大部分改革举措是双赢的方案，从家庭联产承包责任制（既释放了农村剩余劳动力又增加了承包土地的农民的收入）到财政包干制（既允许地方政府保留全部的财政增量也为中央政府带来了更多的财政收缴额），从用买断的办法让守旧派退任从而实现政府官员的换代到生产双轨制（既按国家轨道继续收取租金，提供社会保障，也按市场轨道增加私营经济和半私营经济的积极性），种种改革办法无不如此。

农业改革在开展伊始对于多方都是共赢的：允许农民留存定额之外的所有生产收入不仅提高了生产效率，也激发了农民改革的积极性，加之农村的官僚势力较弱，因此改革的实行几乎没有遇到任何阻力。之后的工业改革允许企业和企业管理者保留额外的利润，又通过财政包干允许地方政府保留额外的税收，因而对于多方都起到了巨大的激励作用。这些都为改革凝聚了广泛的共识。获益的各方都积极支持改革。这样，即使有既得利益者存在，他们的力量也微不足道，无法同改革者抗衡了。

另一个生动的例证是邓小平在1982年推行的机构改革。他意识到，中国的改革需要一批拥有全新头脑和更高业务能力的政府官员，让更年轻、受教育水平更高的人进入政府机关成为当务之急。那些势必得到替换的人自然会产生阻力，包括诸多身居高层决策岗位的人。

邓小平引入了新的官员任职年龄和学历要求，同时对那些接受引退的人实行一次性买断，保留他们的收入和特殊待遇。通过这一手段，邓小平波澜不惊地大幅改造了政府机构，使政府更有把握地引领中国刚刚启程的、错综复杂的改革之路（Li 1998）。前文已提到，通

---

① 例如，见 Lau et al.（1997，2000）and Naughton（1996）。

过改革，各部委和各省区市一把手的平均年龄分别下降了 6 岁和 7 岁，他们的平均任期分别下降了 1/3 到 1/2①。

正如多位观察者所指出的，双轨制起到了同样的缓冲效果，它既提高了经济效率，也保留了既有的经济利益，因而能够减少改革阻力，让改革免受波折（Qian 2002；Naughton 1994b)。

也有人认为，中国的体制改革之所以能够奏效，部分是因为通过设置一系列的复杂限制条件让全部或大多数涉及方从改革中受益。这种多赢的解决方案尽管保留了某些效率低下的机制，但提高了总体的产出。它同理论上是最优但实际上却行不通的西方体制相比较是一种相对较佳的路径。

社会凝聚力面临的挑战

尽管中国的改革进程是渐进式的，但转型调整不是没有痛苦。社会的各个部门都必须承受改革带来的阵痛，社会转型给社会本身带来的压力逐年增加。虽然自改革以来全社会人均收入有了迅猛的跃升，但人们之间的收入差距逐步拉大。随着贫富差距的扩大，社会不公正的问题给人的印象也越来越深。

农村居民的低收入以及日益严峻的收入不平等得到了广泛关注，也引发了新的改革浪潮。农业改革的第一步是废除人民公社制度，实行家庭联产承包责任制，这在农村掀起了翻天覆地的巨浪，在前文已有论述。中国又大幅调整了农产品和生产资料市场流通体系，形成了由大宗批发市场和私人商贩相结合的覆盖全国的市场交易网，鼓励农民根据市场收益前景调整生产活动（Watson 1988；Lin 1992)。中

---

① 根据李（Li 1998）的统计，部委领导的平均年龄从 64 岁下降至 58 岁，平均任期从 6.6 年降至 4.4 年。省区市领导的平均年龄从 62 岁降至 55 岁，平均任期从 6.4 年降至 3.8 年。

国近年来的粮食自给率均维持在95%以上，这也反映出中国农业改革的成功（WFP 2009）。2000年以后，中国进一步调整了农村税费体制，旨在减轻农民的负担。同农业税相比，各项收费给农民的负担更重。1999年，农民缴纳的税费总额为1 250亿元，其中农业税只占480亿元。在税费改革中，国家取消了一系列的城镇和农村收费。改革之后，农民的税费负担由1 250亿元降至650亿元到700亿元。从2003年起，国家开始取消农业税。到2006年，农业税已全面取消。之后，政府扩大了农业补贴的范围。2008年，中国农民累计收到的农业补贴超过1 000亿元。

在地权这一敏感问题上的改革也取得了进展。2002年颁布的《中华人民共和国农村土地承包法》（简称《农村土地承包法》）是维护农民权利的重大举措。《农村土地承包法》规定政府应当同所有农民签订土地承包合同或颁发土地证，明确了农民在30年的承包期内对承包地的使用和收益权，保护农民对土地的使用不受政府的随意干预和重新分拨。2008年增加了相关条款，规定地方政府将农业用地挪作非农业用途时应提供其他可耕种土地予以补偿。2008年底，政府又出台了新的土地改革政策，鼓励农民将土地使用权租赁或流转出去，建立土地流转市场。

对社会稳定的担忧也对中国领导层产生了影响，他们开始重新校准自己的发展政策。通过实施区域发展战略（如西部大开发和振兴东北老工业基地）、增加对社会服务的投入以及调整农业税收和相关财政政策，中国的区域发展差距有缩小的迹象。比如，西藏1990年的人类发展指数是上海的57%，到2003年已经是上海的70%。从更加宏观的层面上看，中国在全面建设小康社会的愿景之下还设置了一套覆盖广泛的衡量发展的指标。国家统计局为小康社会设定的基本标准包含了6

大类25个指标，具体涵盖了经济发展、社会和谐、生活质量、民主法制、科学技术、教育、医疗卫生以及资源环境等方面（见图5-6）。

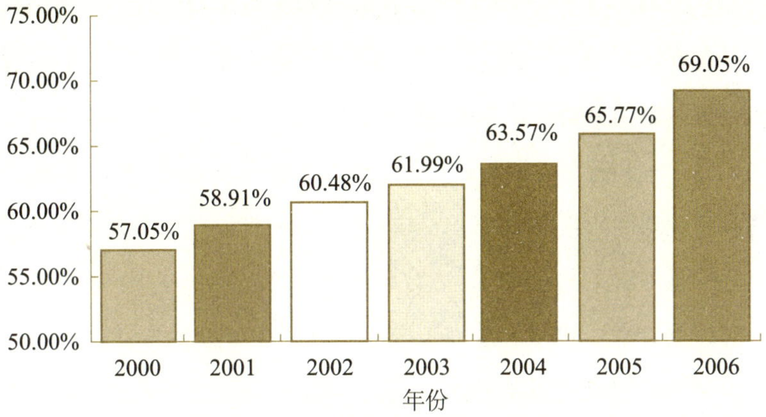

图5-6 中国建设小康社会的进展

资料来源：Working Group of Institute of Statistics under the National Bureau of Statistics, *Statistical Report on Monitoring the Process of Constructing the Well-off Society in China*, 2006. Available at the website of National Bureau of Statistics, accessed on 21 November 2007.

社会资本同组织资本之间的动态关系

地方政府与乡镇企业的公司属性

中国政府能够直接影响企业的组织资本吗？中国的地方政府对乡镇企业的发展持特别积极的支持态度，地方政府在许多方面涉入了乡镇企业的企业行为，尽管地方政府在乡镇企业组织资本的形成中具体发挥了何种作用仍存争议。

沃尔德（Walder 1995）认为，财政权向地方下放，商业活动空间的打开，加之地方官员参与企业的经营事务，都在事实上创造出一种受硬预算约束的“经营性地方政府”。不管这一称呼是否恰当，尤其是这种分析思路能否适用于地方所有的城市国有工业企业（Nee et al. 2007)，1980 年代初的财政分权的确使地方政府的预算约束更加严格。一般说来，地方政府对企业的支持通常是在“软预算约束”之下，因为地方政府在财政紧张的时候总能够获得上级政府的救助，或者通过预算外收费、增加税收和发行公共债券来解决问题。不过在中国特殊的行政管理体制的激励下，各个省份和县市之间会互相竞争，以期获得更多的流动资本和劳动力资源。为此，地方政府一般会努力提高本地基础设施和商业环境的竞争力（Qian and Roland 1998）。出手救助效率低下的企业从某种意义上来说对地方政府没有太大的吸引力。

但即便如此，也很难进一步说地方政府能够直接为企业增加组织资本。所有政府都有多项政治、经济和社会目标。中国在改革的不同阶段公职人员直接参与商业活动的动机和结果各不相同。比如，中国农村改革的第一步是把土地直接分给耕种土地的农民。这种改革使直接生产者受益。部分农村家庭开始率先从事私人非农经济活动。沃尔德（Walder 2002）认为，普通农村家庭从改革中受益更大，这是因为农村的行政领导者（官员）可以选择比从事私人经营收入更高、更有吸引力的政府职位或集体企业的管理职位。国家俘获（state capture）问题并不严重。政府官员和他们的亲属不愿去私人企业，私人企业家也不愿进入政府公职——或是被排除在外。然而到了 1990 年代，情况开始改变，政府官员同企业之间的利益冲突也变得有目共睹：

> 当企业跨区域扩张、生产场所搬迁或裁员时，政府同企业之间开始出现利益冲突。在这些情况下，政府的努力方向是增加地方财政收入，扩大就业，这自然和企业利润最大化的目标背道而驰。而且在出现劳资纠纷和群众游行时，政府往往会出手干预，这说明政府从不是仅按经济目标行动的，而是希望社会能够达成广泛共识。此外，政府官员管控企业的能力要靠委托人和代理人

之间的信息不对称来解决。也就是说，政府机构建立和维护体制环境的能力为私有资本提供了有利的条件，使中国政府成功转变为发展型政府，推动了经济的转型发展。(Nee et al. 2007)

也有人使用其他术语来描述地方层面上的这种公私合作关系的性质。郑（Zheng 1994）称其为“地方发展主义”（developmental localism）。奥伊（Oi 1995）提出了一个“地方公司主义”（local corporatism）的模型，该模型认为集体所有制企业能够享受诸如软贷款、津贴和市场保障之类的不对称信息优势和其他特殊照顾，同纯粹的私有制企业相比可以更有效地推动经济增长，仍在改革初期的中国正是如此。扬（Young 2008）则认为，这是一种地方保护主义，自然会有其不利的一面。然而不管如何看待它，有目共睹的是，在地方政府的推动下，这种模式使混合性质的乡村工业（乡镇企业）在农业和国有工业之间的边缘地带大规模涌现。在改革的最早阶段，生产大多不需要太多的专业技术和启动资金，乡镇企业的准入门槛很低。这也解释了“为什么中国的发展没有出现日本和新加坡式的由上层中央政府主导的情况”(同上)。

关系和私交的作用

结交关系是为了强化社会交往。同别人搞好关系，实现互利互惠，是中国社会的一个长期传统。这并非中国文化的独有习俗，而是在大多数社会中以某种形式存在的现象。这里笔者对关系的兴趣点在于考察关系在中国的改革实践中起到了何种作用。

帕克和罗（Park and Luo 2001）开展了企业层面的实证研究，发现关系能够在“建立企业的外部联系、维护企业的法律权利、确立企业在市场中的竞争地位”等事务上发挥显著的作用，但其在“改善企业内部运转”方面效果却不甚明显。研究还显示，虽然培养和维护关系成本高昂，但是关系并不能对企业的利润产生较大的影响（同上）。这次研究佐证了之前的发现，即在产权界定模糊、法律体制薄弱的过渡经济体中，关系是克服体制缺陷和战略劣势的途径，同掌握资源的官方建立更好的关系更能如此。

不过，我们还可以从一种更加积极或是宏观的视角出发来看待关系的作用。关系可以强化人们之间的信任，这种信任则有可能成为有助于提高经济运行效率的“黏合剂”，商业活动不必过分依赖昂贵且易起纷争的法律体系。这种由关系支持的经济运行模式也可以看作是一种西方的市场体制之外的正当制度，因为全球的商业活动大多也同样注重信任。

海外华人和外商直接投资

在政治学家张志楷的描述中，东南亚的海外华人“几乎相当于一个国家”，他们结成了地区性乃至越来越全球性的关系网，为中国带来了大量的经济和社会资本流入。考（Kao 1993）认为，海外华人的商业实力仅次于美国、欧洲和日本，是世界上第四大经济集团。海外华人的文化根基相同，构成了一个“商业关系网”（同上）。

海外华人对中国经济发展的重要作用至少体现在两个方面：一是为改革初期资金紧缺的中国提供了资金来源；二是帮助中国实现了生产技术改造和方式升级，让中国经济在较短的时间内追赶上了世界产品标准和全球科技创新水平。海外华人也引入了新的商业模式，让中国跨越了传统的商业开发途径，克服了固定模式的约束。例如，亚洲首富李嘉诚就建议邓小平建设一座连接香港岛和内地的跨海大桥，大桥由香港先期出资建设，投资在大桥通车后再通过收取通行费或其他营收模式实现回收。这一模式被采纳并生效后，中国又遵循相同的模式建设出来数以千计的桥梁和高速道路。中国近来在非洲和其他地区迅猛增加的投资中也有着类似的投资模式，不管是国有资本投资还是私有资本投资皆是如此。中国企业一般反应灵敏，善于利用广泛的海内外华人网络开展投资经营。它们并不十分依赖数据和可行性研究，而是相信自己的直觉、党的政策导向，以及对规划投资中核心技术的牢牢掌握（Chen 2001）。

中国最早的外商直接投资中有很大一部分来自海外华人。来自东盟国家（主要是菲律宾、泰国、马来西亚、新加坡和印度尼西亚五国）的外商直接投资额在 1995 年达到 110 亿美元的峰值，直到 2000—2001 年仍然保持在年度 30 亿美元以上。海外华人是中国对外开放政策的最早响应者（Shambaugh 1995），他们甘愿承担风险，率先在中国的深圳、珠海、汕头和厦门四个经济特区开展投资。民族纽带是巩固社交关系的润滑剂，能够鼓励海外华人积极在中国投资[①]。不过，不管同海外华人的社交纽带如何紧密，都无法替代企业管理能力和技术水平的提升对于企业发展的作用。这种社会资本的作用是为企业带来更为先进的资本和专业技术。良好的海外关系能够成为改善企业事务的润滑剂，而非决定企业事务的黏合剂（Smart and Hsu 2004）。

外商直接投资对中国经济发展的作用并非没有争议。黄（Huang 2003）认为，较高的外商直接投资额只是更加突显了中国经济的软肋，而非优势。外资企业在经济中发挥了较大的作用并不是因为这些外资企业拥有全球最佳的运营水平，而是因为它们可以有针对性地利用中国效率低下的经济和金融体制所带来的商机（同上）。早期外商直接投资的关键作用是为中国企业带来了关于世界市场的情况信息以及专业技术和合同订单，这对于中国企业打开出口市场尤其重要（Smart and

① 东南亚的大部分海外华人来自福建、客家地区、潮州、广东。

Hsu 2004)。外资将中国的企业并入了全球经济网络。黄（Huang）还指出，中国改革早期存在着法制漏洞，也缺乏运行良好的市场机制，大多数外商不愿涉足（同上）。当然唯一的例外是海外华人，他们愿意冒着巨大的风险在中国投资，既是因为自己的民族归属感，也是因为他们有帮助中国成为贸易和制造强国的强烈愿望。海外华人的直接投资和非华人跨国企业（TNC）的直接投资之间还有着其他差异。西方的非华人跨国企业通常规模更大，更倾向于在大城市投资，而中国香港和台湾地区的投资者也乐于接受在农村地区投资设厂，虽然投资地的交通情况依然重要，因为他们的许多投资是生产供出口的产品。

总之，海外华人资本在中国进入世界经济的进程中扮演了关键性的角色。海外华商尤其在改革的早期成为中国所急缺的资金的重要来源。

中国如何反腐败

腐败易于在两种情况下滋生：一是有腐败的机会，尤其是当政府官员掌握广泛的经济和管理权力；二是有腐败的动机，产生腐败动机的原因可以有多种，如相对贫困和价值观变动等。孙（Sun 1999）比较了俄罗斯和中国的腐败之间的差异，试图解释为什么中国的腐败对经济增长没有产生太过恶劣的影响。中国的渐进式改革允许政府始终牢固把控政治和经济全局，做出相关决定并切实落实。和俄罗斯不同，中国经济中不存在可供某些黑社会式的经济集团利用的真空地带。双轨制的转型方式把大部分新的商业机会给了非国有经济部门，而非国有经济部门中的腐败行为大多是为了寻求有权势的官员和政府机构的支持。另外，地方官员同私营企业尤其是房地产企业的利益日趋一致①，这给了政府官员强烈的动机帮助企业获得市场回报和增加利润。

① 房地产业是城镇地区政府收入的重要来源。

中俄腐败活动的机会和动机皆有差别，这不仅与两国追求的改革模式不同有关，也和两国的政体本身息息相关。“政府体制结构和政治运作过程是一国腐败水平的重要决定因素。如果某个国家的政府羸弱，无法控制其代理人的行为，该国的腐败水平自然会升高”（同上）。中国政府始终有力地掌握着国家局势，而且其领导核心清廉。国家也会定期发起反腐运动，清除腐败官员，那些被认定有罪的官员会得到严厉的惩罚。私营经济部门的大亨也难逃国家的审查，比如，2009 年，中国最大的电器零售商国美电器的董事会主席就锒铛入狱，这说明即使是企业家在中国也难逃反腐的大网。

1988 年，中国成立了经济罪案举报中心，建立起一个覆盖广泛的监察体系，在全国都设有地方分支机构。政府也越来越努力增加其透明度。民众的投诉一般会得到受理，政府内部普遍实施了收入公开制度。这些反腐败机制在俄罗斯大多不存在。对中国共产党及其高层领导人来说，打击腐败行为是维持党的执政合法性的所有举措中的必要一环。一项有意思的数据是，金融机构中的罪案平均有 2/3 是 35 岁以下的职员犯下的，他们几乎很少直接接受党的纪律教育（同上）（见图 5－7）。

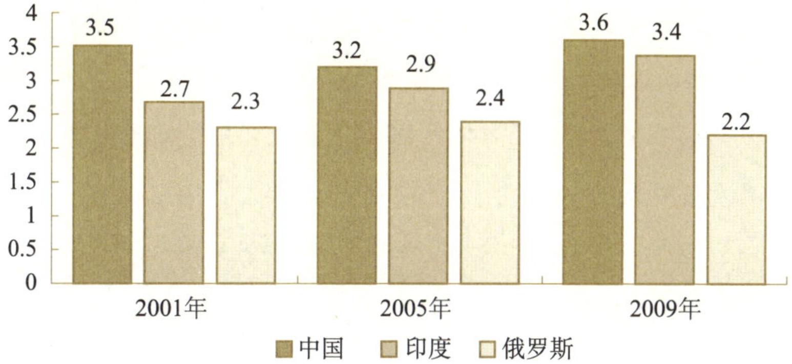

图 5－7　中国、印度和俄罗斯的腐败情况比较（数值越高，情况越好）

资料来源：Transparency International (2009).

伊利耶夫和普特南（Iliev and Putnam 2007）对共产主义国家和曾是共产主义国家的经济体用计量经济学的分析方法进行了社会能力和其他“软性”因素的评估，发现中国（腐败指数为 0.30）的产权要比俄罗斯（腐败指数为 1.01）更加稳定，腐败得到了更好的遏制。他们认为，这可能是中国的外商投资额远高于俄罗斯的原因之一。

政策（和改革的轻重缓急）

> 在严重的危机中，以往的经济增长并不能维护社会稳定。短期的政府救助方案无法补偿过去数十年来所积累的社会不平等和社会不安。
>
> ——海尔曼（2009）

可以提出以下几个主要观点：

a. 保证市场运行良好是维持增长的核心举措。

b. 保持发展环境和激励机制符合发展愿景是实现有效转型和发展的关键任务。

c. 改革的先后顺序意义重大。比如，1980 年代初先于经济改革的政府机构改革是取得最终成功的重要基础。

d. 在有些情况下，体制/机构改革比具体的政策对转型和发展更加重要。

e. 对基础设施和公共产品的投入往往是开启广泛的持续增长的必要条件。

“正确的”政策：一些观察

政策“正确”和体制环境是促进经济增长和国家发展的关键因素，这一点已成为广泛的共识。然而遗憾的是，对于什么是正确的政策组合以及哪种体制框架最适合发展也存在着广泛的争议。存在争议并不一定是件坏事。恰恰相反，相信所有权和地方实际情况的重要性非常符合发展中国家的利益，因为不必再削足适履，预先决定哪些具体政策和体制是最好的或是应该先实施哪些政策，后引入何种体制，而是要根据发展中国家的现实国情因地制宜，量体裁衣①。

和保证政策“正确”同等重要的一个问题是保证“政策制定程序正确”。海尔曼（Heilmann 2009）认为，中国的政策制定过程有着强烈的实用主义色彩，是一个在长期的路线方针安排之下进行广泛的政策试验的非常规过程。海尔曼称之为“在情况不确定之下进行最大限度的修补”。他举了城市国有企业改革这个颇具示范性的例子。中国的政策制定者自改革伊始就清楚地意识到，要解决国有企业改革给企业管理和职工福利带来的冲击，还需要接着拿出补充性的改革方案。但他们无法就改革之后的国有企业应该是何种面貌达成一致意见，只是全盘私有化的支持者寥寥。此外，失去对国有企业的控制也是一个仍存的担忧。和勃列日涅夫时代苏联的情况不同，意见分歧并没有产生政治死锁，国企重组开始零散地展开。在不确定的状况下，政治行动者们出于需要有意识地对诸多政策措施和体制进行创造性的修补，使它们适应具体的实际情况，从而在保持成本可控的前提下探索出一条可行的路子。观察者们把中国重塑政治经济体制的挑战比作“在大海上重建航船”。

① 很多人认为带有附加条件的经济援助是失败的。援助提供者所强加的政策转变无法奏效，既可能是因为援助方推荐的政策不符合受援方的国情，也可能是因为援助方为实现政策转变而提供的资源水土不服。许多经济援助提供者得出的结论是，要么通过向受援方政府提供直接的预算支持，按照受援方政府的工作安排提供援助，要么完全避开政府，同民间社会合作，开展援助工作。

发现平衡点：中国的市场和激励机制

市场和激励机制所发挥的关键作用是毋庸置疑的，不过至于为什么市场和激励机制在某些环境和国家中效果良好却在其他环境和国家中效果不佳，这一问题尚缺乏足够的解释。

改革实行的激励措施效果显著。经济所有权和控制权的分离，如工资决定权、生产决定权和企业经理任命权的下放，有力地激励了企业经理和职员潜心学习、努力工作。徐（Xu 1997）通过广泛分析一系列的反映国有企业变化的数据指标，发现国有企业在以上措施的激励之下，生产力和增长率都有了较大的提升。但像提高企业的利润留存率和签订生产任务合同之类的改革措施对生产力提高的影响并不大。国有企业在 1980 年代高达 42%的增长率可以归因于权力下放的激励作用。

包括黄（Huang 2008）在内的诸多观察者在承认中国的改革政策异于常规的同时仍然坚持认为，市场激励机制的作用彰显是中国经济发展的真正驱动力。他进一步强调，非公有制经济的蓬勃发展是中国经济奇迹的主要源头。而且真正刺激经济取得高增长的是产权和私营企业所有权的强化。关于企业所有权的这一点在一定程度上是确切的，尽管正如本书以及别处所明确展示的，中国的产权改革路径独具一格，有着高度的中国特色。

每一波改革浪潮都在强化人们的权力上前进了一步，为大批民众提供了市场机遇和进入市场的路径。在改革的开始阶段社会相对公平，收入的大幅增长首先在农业领域发生，乡镇企业主要在农村和小城镇发挥作用，这些在本质上都极不符合常规，但却在改革初期使中国经济有了普遍性的发展。社会差距的扩大只是到了更晚的 1990 年代末和 2000 年代才开始加速。受市场力量和企业所有权的推动是中国经济的基本特征，中国的这种企业所有权可能和传统意义上的所有权稍有差别。如今私营经济可以为中国经济贡献超过70%的新增长（Fan 2005）。除此之外，国有企业也在市场环境中日益运转良好。现在中国的国内市场中全球性的中国企业和外企子公司之间的竞争格外激烈，这正是特定的改革和开放政策所要达到的效果。

钱和徐（Qian and Xu 1993）在评论市场的表现和特定政策的转型效应时指出中国官员尤其注重生产力的提高，邓小平在论述四个现代化时也强调了这一点。中国的经历同韩国有些类似（Lau 1992），即公共企业比重的降低主要是通过非公有经济的增长实现的。

虽然关于驱动中国经济增长的原因的争论仍有可能继续下去，但这里有必要重申的两点是：第一，大多数观察者承认中国已经成为一个主要由市场驱动的经济体，这是同1976年的中国经济相比的实质性的变化；第二，观察者仍然未能就驱动中国增长的原因达成一致。是高储蓄率吗？还是随着经济的放开，中国人展现出的“野性精神”？等等。今天中国的大多数商品和服务的价格是由市场决定的，虽然也有一些例外情况。比如，土地仍归国家所有，公用事业产品的价格由政府决定等。另外，受益于经济的开放，中国市场的竞争非常激烈，诸多供应商和生产商之间充分竞争，只留有较小的利润空间。外商直接投资经济在中国经济中占有很大的份额，这到1990年代以后变得更加显著，外资企业产品的比重达到了市场的1/3，外资企业在国内和国际市场中都表现抢眼。许多中国产品的价格同国际价格齐平。2005年，中国的进口额相当于GDP的30%，高于日本（10%）和美国（17%）。同样，外资企业在中国的工业产出中占比25%，也高于欧盟和美国（约20%）（Lardy 2007）。

激励机制在促进经济转型中扮演了更大的作用。沃尔德（Walder 1995）提出了一个尤为重要的观点，即对处于过渡期的发展中经济体来说，由于社会本身也需要转型，激励机制应该在更广的范围内发挥作用。不仅应当调整针对个人和企业的激励机制，也要定期变换针对政府机构和公职人员的激励机制。不过要成功地推动经济增长，仅靠激励机制还不够。在某些特定的情况下，政府还需要给当地生产商更多的直接扶持，以避免这些企业陷入单打独斗的状况。奥伊（Oi 1995）进一步指出，中国政府通过采取公司主义的经济发展策略有效地“稀释了风险并扩大了资源覆盖面，从而最大限度地服务于本地区的利益”。他强调，政府在这种公私合作关系中发挥的积极作用是推动中国经济成功的重要因素，因此政府的政策触及范围要超越传统的提供基础设施的支持，还要积极推动市场发展，并努力促进信息和科技的传播。

宏观经济政策应当促进“转型”和增长

社会政策

拉尼斯和斯图尔特（Ranis and Stewart 2006）通过实证研究得出一条重要结论，即由于经济增长和社会发展之间的紧密关联，一个国家要推动其中任何一个的发展都必须两者并重。经济增长可以为社会发展事务上的主要投入提供资源；但若没有这些社会发展事务上的投入，经济增长也难以维系。在某些具体的领域，这两者也存在关联。比如，宏观经济政策一直注重的抑制通胀也有利于社会发展，因为高通胀对贫困人群和弱势群体的伤害更大（Elson and Cagatay 2000）。

在社会政策方面，中国国民在改革开始时的受教育水平和健康水平都远高于其他可比较的国家。成人平均受教育年限从 1950 年的不到一年增加到1980年时的四年，到2000年又攀升至六年。若没有毛泽东时代打下的基础，邓小平的改革也不会如此成效巨大。1960年，埃及的人均收入是中国的两倍，儿童死亡率和中国大抵持平。在1980年以前，中国大力投入全民医疗和教育事业，中国的儿童死亡率已经降到比大部分其他发展中国家略好的水平。然而因为中国主要处于计划体制之下，经济增长十分缓慢且挫折重重。而与此同时，埃及经济有了稳步增长，儿童死亡率缓慢但持续下降。到1980年以后，埃及更加注重广泛提高居民的健康水平，儿童死亡率也因此比前一阶段有了更快的下降。同时埃及的经济也在稳定发展但增长微弱。然而，同期的中国经济却增长飞速但婴幼儿死亡率的下降速度低于前一阶段。在这一比较分析中最有趣的是看两国在经济发展和死亡率上的政策实行顺序，中国和埃及在两项事务上的政策先后有所差别，产生的结果也优劣不均。中国1980年的经济发展水平只到埃及的一半，但经过一段时间的发展，人均GDP水平已经高于埃及，儿童死亡率也比埃及更低，而且中国还保持着更强劲的经济增长势头。中国还可以同印度相比较。在1979年改革开始时，中国的人均寿命是68岁，印度只有54岁。然而中国自此之后数年以平均寿命只有少量的增加，但在2010年仍高达74.5岁（CIA，*The World Factbook*）。印度的人均寿命在2010年是66.5岁（同上），两国之间的差距已经有了很大程度的缩小。这说明中国需要改善社会政策，增加对社会事业的投入，从而为未来经济的持续增长提供基础。

货币政策

自1990年代初以来，中国的货币政策一直注重保持低通胀率和维护价格稳定，为经济增长和结构转变提供推动力。

在实践中，中国的首要目标是保证经济实现不低于8%的增长。

第二个目标是通货膨胀率保持在3%左右。虽然在理论上这两个目标可能有短期的此消彼长，但官方认为这两个目标从长远来看是相辅相成的。中国在经济高速增长的同时通胀率一直较低。第三个目标是维持汇率的稳定。中国长期将人民币同美元挂钩，最近一篮子货币政策有效地维持了汇率的稳定。2004—2008年，资本自由化和人民币对美元的升值使货币政策在这三个目标之间权衡取舍变得更加困难。

中国遵循一条较为简单的宏观经济规则：证据显示，当经济增长率在10%以上时，中国政府会在通货膨胀增势之前加速为经济"降温"。反之，当经济下行，增长率低于8%的时候，政府就会采取扩张性政策来刺激经济。然而，在有些情况下政府也很难做出正确的决断。比如，当增长率降到9%但通胀率依然很高时，决策者就很难判断在不收紧宏观经济政策的条件下通胀率是否会降下去。这里可以援引两个例子：一是在1997年，经济增长率出现回落，产能过剩已经显而易见，但政府仍不愿刺激经济，因为担心通货膨胀会再次爆发。当政府终于将紧缩性的经济政策转变为扩张性的政策时，为时已晚。这导致了中国经济增长放缓，也是持续6年的通货紧缩的背后因素之一。二是在2003年初，迹象开始显示中国经济已经过热，但政府迟迟未能收缩宏观经济政策，因为不确定经济是否真的回暖，是否应该采取紧缩性的宏观经济政策。总而言之，"政府不肯出手，因为害怕扼杀了经济复苏的苗头。直到后来政府确信经济的确已经回暖的时候才采取了行动，收缩了经济政策。即使如此，政府在实施紧缩性政策时仍十分小心，生怕过度扼杀了经济发展的势头"（Yu 2008）。

多年来，随着经济逐步开放，市场越来越多地受价格信号的驱动，中国使用的货币政策工具也有所变化。从 1998 年起，政府开始注重利用利率来调节经济，其副作用往往更小（McKinley 2003）。货币政策在多数情况下是政府用来收缩或扩张经济首选的宏观经济政策。

长期的扩张性经济政策还会有除导致通胀以外的其他风险。然而如果我们略微回顾中国过去 10 年的债务累积情况，会发现尽管中国一直在实行扩张性的财政政策，中国政府的负债额同 GDP 之比大体上仍不超过 20%。不少经济学家（Hofman and Wu 2009）提出，如果将所谓的或有负债（contingent liability）计算在内，中国的债务与 GDP 之比就会大大提高，可能会高达 100%。但是只要某些条件仍然存在，这些担忧就大可不必。诚如于（Yu 2008）所言：

> 中国政府偿还债务的能力要比看上去高得多。不过中国的财政状况能否持续取决于债务与 GDP 之比的变化。债务与 GDP 之比有两个决定因素：经济增长率和预算赤字与 GDP 之比。只要中国经济增长率能够维持在 7%～8%的较高水平，而且预算赤字与 GDP 之比保持在 3%以下，随着时间的推移，债务与 GDP 之比终将会收敛在 40%以下的区间。将或有负债计入负债额只能在起初阶段影响债务与 GDP 之比，不会改变债务与 GDP 之比的最终收敛阈限。只要中国政府在协调宏观经济政策和引导经济调整时不犯致命的错误，能够维持经济较快增长并将预算赤字保持在较低的水平，中国的财政状况就可以维系。因此，政府有充分的空间使用扩张性的财政政策来中和紧缩的货币政策可能带来的不利影响。

最近数年来，货币政策的制定越来越多地受到不断扩大的贸易顺差的影响。从 2000 年代初开始，逐年扩大的顺差加上国内流动性的充裕引发了投资热潮。国家在 2004 年和 2006 年两次采取多种行政措施来抑制投资需求，尤其是国有企业的投资行为，并且给银行提出“指导意见”，敦促其减缓放贷的增长，特别是为房地产业提供的贷款。国家力求减缓房地产业的扩张，既保持经济增长又遏制通货膨胀，这两个往往相悖的需求在短期内给政府提出了挑战，也给货币政策构成困境。政府一般不愿提高利率，因为担心利率提升可能会影响市场的长期投资决定。从 2006 年起，中国开始让汇率变得更加有弹性，这部分是对国际社会认为中国刻意压低货币价值做出回应，也是为了缓冲顺差过快扩大。此外，政府还使用了更加传统的经济措施，如提高存款准备金率，以吸收市场流动性、减少货币的供应量（Hofman and Wu 2009）。

政府财政的影响力

中国的巨大进步离不开公共财政在政策施行中发挥的作用。财政政策一直以来并将在今后持续地对中国的经济社会产生重大的影响。而且随着中国经济的增长，政府也有更强的能力对经济和社会事业进行更大的投入。

多年来，国民收入同政府财政收入之间的关系颇有起伏，而且有些变化同国际经验相比着实难以理解。

> 在改革的头 17 年，财政收入占国民收入的比重从 1978 年的 31%下降到 1995 年的 11%。之后到 2004 年的 9 年中，这一比例又上升了接近 9 个百分点。这种变化幅度从国际标准看可谓是大起大落，随之发生的是中国经济的根本转型。（Hussain and Stern 2006）

这也从侧面反映了中国经历的诸多改革浪潮，这些改革自然需要不同程度的财政支持。然而无论何时，中国领导层始终把财政赤字保持在较低的水平，赤字水平只在很少的年份里达到了 GDP 的 3%（见图 5-8），这折射出领导层的财政自律意识。

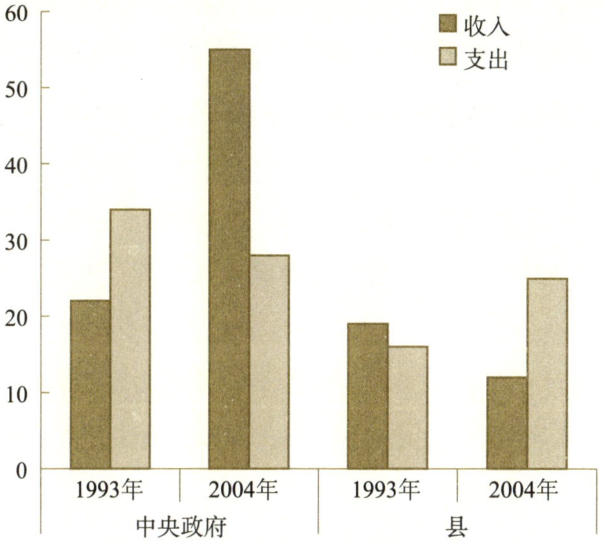

图 5-8　中央和地方政府的财政能力

资料来源：NBS（2006）.

在改革之初，随着价格放开和私营企业的崛起，税收基础逐渐缩小。此时中国实行的是行政分权型的财政包干体制，这种体制激发了地方政府的财政积极性，但也鼓励了地方政府在中央政府的视线之外将资金转移为“预算外资金”的做法。

> 到 1990 年代中期，政府财政收入占国民收入的比重已经从 1978 年的 31%降至 11%。中央政府的收入在国家财政收入中的份额在 30%以下。同时，预算外资金的规模已经和预算内资金相当。虽然预算内赤字仍然不大，但通过银行体系进行的准财政操作数额庞大，是 GDP 的 5%～7%。(Hofman and Wu　2009)

1994 年的财税体制改革就是为了改变这一状况，因而意义重大。

经过改革，政府财政收入占GDP的比重稳步回升（到2009年达到20%），中央政府收入在国家财政收入中的份额也从1991年的30%提高到2002年的55%。

中国的政府支出主要用于基础设施建设、国企改革、社会保障体系建设、科技、教育、农业和西部地区开发等事务。总体国民收入的增加和税收工作的加强都使得政府税收有了快速的增长，增长速度要快于政府债务利息支出的增速。这形成了一个良性循环。可以看出，长期的扩张性财政政策改善而非恶化了中国的财政状况（Yu 2001）。

图5-9展示了政府财政支出的结构变化。尤其值得注意的是，在改革的大多数时期，用于经济发展的财政支出在总支出中的比重很高。这一比重直到2002年以后才降至30%以下。相应地，政府用于社会、文化和教育发展的支出逐年增加。

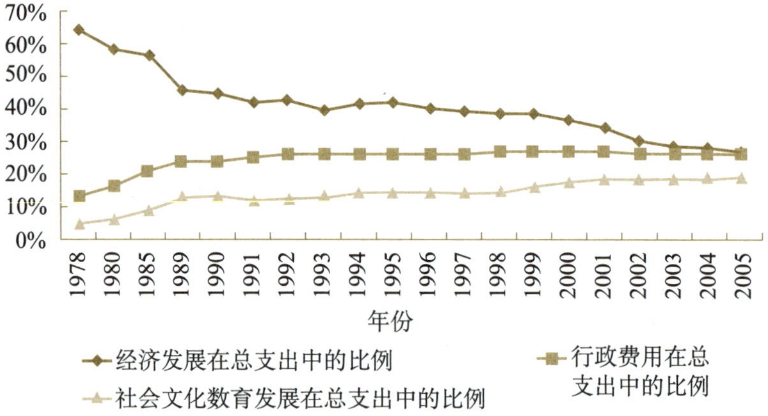

图5-9 政府财政支出的结构变化（1978—2005年）

资料来源：UNDP (2008).

第三章中曾提到，在1994年财税体制改革开始时，各省份“征收了大部分的税款，但中央政府却负责几乎一半的财政支出”，这种情况明显是不可持续的（Hussain and Stern 2006）。在影响深远的 1994 年财税体制改革实行之后，这一情况得到转变。中央政府如今“收缴超过一半的税收收入，但只负责 28%的财政支出费用”（同上）。

胡塞因和斯特恩（Hussain and Stern 2006）等观察者认为中国的财政体制改革不够及时，已经跟不上市场改革的步伐，中国的银行业还不够强大。但也有布里恩（Brean 1998：49）等其他观察者持相反的意见，他们认为中国的财政体制改革面临着国企效率低下的压力，若操之过急则可能会出现经济社会的动荡。中国在进行财政体制改革的同时还在密切注视着经济实际状况的进展。

同间接的调控措施相比，直接的行政措施在经济调控中仍十分重要，中国 2004 年对投资需求的引导和 2006 年的汇率政策管理无不显示出这一点。然而中国近年来也逐渐认识到开展更深层次的财政体制改革的必要性，并有所进展。现在中央政府能够更加便利地在富裕地区和贫困地区之间进行资源重新分配，因此可以更好地解决区域发展不均衡的问题。出于各种原因，尤其是对发展不均衡的担忧，中国的国家领导人意识到，同之前的改革时期一样，财政政策能够在诸多事务中发挥关键性的作用，包括改善医疗卫生、教育和社会保障等社会服务，为因受户口限制而无法享受社会服务的农民工提供更好的支持，以及建设一个更加公正和谐的小康社会。

着力推动转型的公共产品和政策

贝斯利和加塔克（Besley and Ghatak 2006）对公共产品做了一个重要的区分，认为公共产品可分为支持市场运作的产品和强化市场运作的产品。公共产品的存在本身并不意味着政府有效地提供了社会服务。政府失职同市场失灵一样可能会发生并产生严重后果。一个基本的市场支持型公共产品是法律秩序，它能维持市场运转，保护市场主体的权利。某些法律体系相对而言能更好地支持市场运作。市场强化型公共产品同标准教科书上列举的公共产品更加接近，包括能使社会受益的医疗卫生和教育等。根据国家和体制环境的不同，像邮政、电信、铁路及航空这样的基础设施性服务可能是由政府提供，也可能不是。

也可以根据其对“转型”的影响给公共产品分类。修建新的道路把人们与市场相连，会给本地区人们的生活和收入带来天翻地覆的变化。而给本就存在的双车道公路增加一个车道可能会促进贸易和商业的发展，但却没有前一个例子中那样的“转型价值”。我们也可以根据特定的公共产品是否有利于贫困群体做出类似的划分（Fan 2004）。比如，贫困人群也有获得医疗保障的权利，这就要求政府努力提供基本医疗保障，虽然在实际中保证医疗服务的充分提供可能需要政府和私营部门的共同努力。

公共产品在推动中国转型中发挥了至关重要的作用（见图 5-10 和图 5-11）。中国在推进政策和机制改革的同时对道路等关键性基础设施予以大规模的公共投资。随后的经济迅速增长带来了运力短缺和交通拥堵的问题，这又进一步刺激了道路建设的需求。为了解决这些问题，政府自 1985 年起开始优先投入公路建设，尤其是干道和高速公路等高级公路的建设。然而在高级公路修建进展飞速的同时，主要分布在农村地区的低级公路的建设却较为迟滞。

基于 1982—1989 年间的省级数据，范和陈康（Fan and Chan-Kang 2005）拓展了之前范等人（Fan et al. 2002）的研究，分析认为公路建设同农业研发、水利、教育以及电力和通信等其他公共产品一起为经济增长和消除贫困做出了十分重要的贡献。但不出所料，不

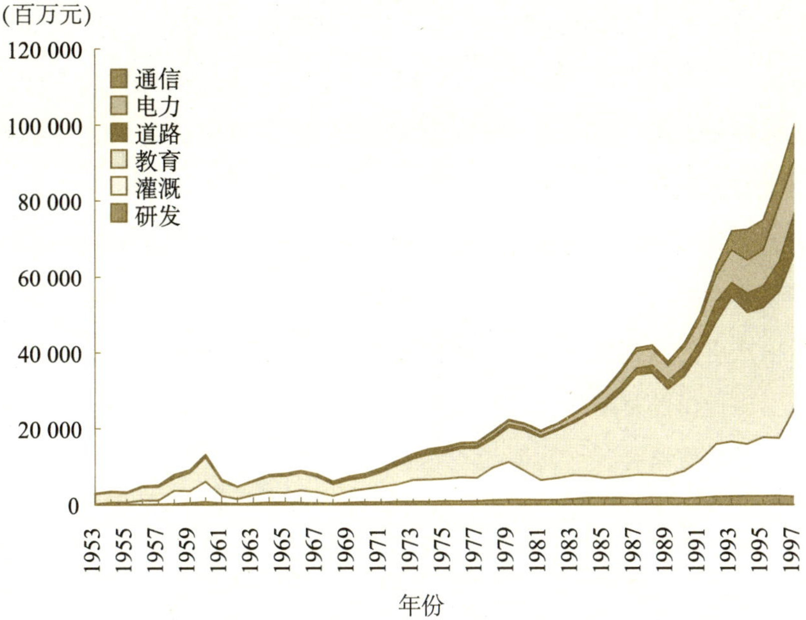

图 5-10　中国农村的公共支出（1953—1997 年）

资料来源：Fan et al.（2002）.

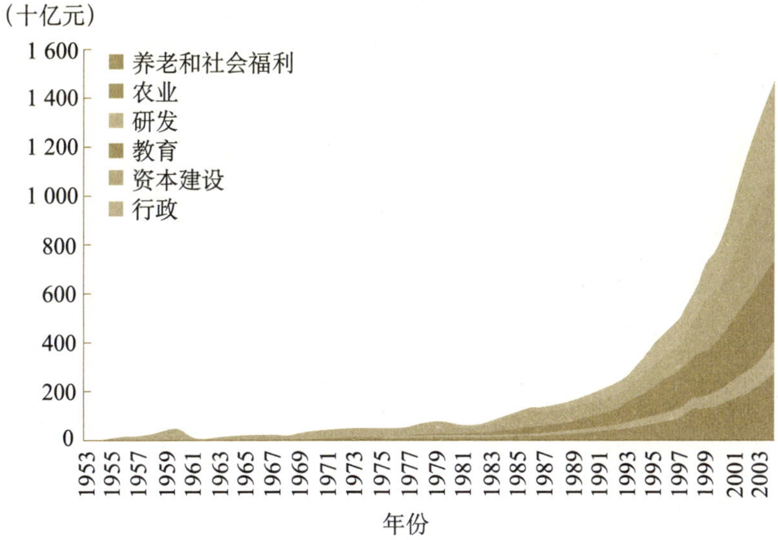

图 5-11　重要领域的公共支出（1953—2004 年）

资料来源：NBS（2005）.

同类型的公路对发展的影响迥异，在不同的地区之间公共产品的影响力也有着较大的差别。低级公路（大部分是乡村公路）成本收益要远高于高级公路（是高级公路的四倍）。对低级公路的投资能够产生较高的回报，不仅可以提高农村的国内生产总值和非农业收入，还能有力地减少贫困。研究的另一个重要发现是，在不同地区的投资对经济增长和减少贫困的作用并不均衡。公路投资在中东部地区产生的经济回报最高，而在西部地区（尤其是西南地区）对减少贫困做出的贡献最大。这说明在不同的地区需要采取有差别的公共产品投资路径。

> 若没有公路这一基础性的公共产品，高效的市场、充分的医疗保障、多元化的农村经济以及可持续的经济增长都无从谈及。有效的经济发展战略需要良好的基础设施作为支撑。研究显示，乡村公路给中国带来了巨大的收益，这同样适用于其他国家。投资乡村公路建设应该成为一项头等大事，它既能消除贫困，也可以扩大其他扶贫投资的积极效应，从而有利于推动经济的全面发展。（国际食物政策研究所所长 Joachim von Braum 给范和陈康著作的前言 2005）

改革的顺序：政策、体制和能力

体制同政策密切相关，两者相互依赖，缺一不可。然而，中国的改革经验也有力地说明了改革处理顺序的重要性，这个问题颇耐人寻味。没有态度积极、认真投入的人，政策自身也不会达到所期望的效果。邓小平在改革进程的初期决定革新政府管理机构，这为改革打下了基础。通过政府机构改革建立起一支更年轻、更开明、受教育程度更好的官员队伍，让中国走上改革发展的新道路。

反过来，中国市场的开放也创造出“有效的”需求，要求建立更强有力、更透明的规则和更好的监管体制。在中国改革的起初阶段，通过深入的结构调整摆正国家的基础体制设定要比实行具体的政策更加重要，这是因为改革需要实现生产方式的根本性转变，而实现转变唯一行得通的路径就是体制变革。在“错误的”体制环境中，即使“正确的”政策也无法奏效，甚至会适得其反。在改革的后期，随着体制框架变得成熟，改革的重点开始逐渐转向政策调整。正如许多人已经认识到的，维系中国当下的资源密集型增长模式已经变得代价越来越高昂。为了提高生产效率，中国正面临着维持政策和体制协调一致并且保证两者都“正确适当”的挑战。

★★★

中国和韩国、日本等亚洲国家取得的巨大经济成就引发了整个发展中世界的关注，其他发展中国家的决策者、学生和商人都试图从中找到可供自己国家的经济和社会发展借鉴的成功经验。同时，世界形势也在发生着飞速转变，中国、巴西和印度等贸易和投资“新贵”的崛起为发展中世界创造了新的机遇。这不仅加速了商品和资本的流动，也为很多发展中国家提供了更广的政策空间和更大的自由度，它们可以更好地挑选发展伙伴，从而得以选择适合自己的资源来满足发展需求。

本章从转型的视角评述了中国自 1970 年代末开启的改革开放和发展进程，得出的结论十分明确：改革和发展要取得成功，历史条件和体制极为关键，社会和政府能力以及政策也作用重大。所有这些因素的叠加才能产生具体的发展成果。而持续的发展还需要坚定的领导层和一以贯之的长期发展愿景。虽然中国天然地满足其中的部分条件，如中国的地理位置和资源禀赋，但本章认为，中国的经验说明，没有什么问题不能通过政策调整或管理改革解决。比如说，可以通过建立激励机制鼓励人们努力工作、富裕起来，政府从而能够借此成为转变的积极促成者。

前文中已经充分证明，中国改革的初始条件极为有利，主要表现在以下方面：改革具有较好的人力条件。经过毛泽东在 1950 年代和 1960 年代的改革，历史积累的贫富差距被大力地扫除，中国的收入和财富分配较为均等。经过了之前历史阶段的政策挫败，尤其是“文化大革命”的长期困扰，中国的领导层和民众都乐于接受变革。这些因素都使得中国的领导层和民众抱有一种“务实态度”，这对于改革来说是一项重要的优势。在经济领域，由于毛泽东时代厉行节俭紧缩，中国几乎没有外债。怀特（Whyte 1995）也认为，中国从集体经济脱胎而来，发展小规模的乡村企业有着更好的原始条件。奥伊（Oi 1995）等人还提出，毛泽东时代的政治体制具有很强的行政力量，这一体制的延续对于之后的领导人推动经济改革、实行新的政策十分有利。

然而也需重申，并非改革初期的所有有利条件都是历史的遗留。一个明显的例子是政府对发展的引导作用。“官员队伍在推动经济发展中发挥了积极作用”，这是邓小平等国家领导人在 1980 年代早期开展政府机构改革时想要得到的结果。在发展的过程中，政府的作用尤其具有决定性。改革果断地将品德和能力作为官员职业发展的标准，促使官员队伍实现了更新换代。新的领导干部政绩评价体系明确地指向经济增长。在此之下，中国政府不仅成为经济发展的“扶持之手”，而且地方政府受到一系列的权力下放和业绩考核的激励，开始同私营经济部门合作，积极扶持私营企业和准私营企业的发展。与此同时，多个政府部门还出台规定，放宽市场准入条件，努力“促进市场发展”。像乡镇企业这样的混合所有制企业开始蓬勃发展，成为 1980 年代和 1990 年代驱动中国经济发展，尤其是农村地区发展的重要力量。随着时间的推移，这些混合所有制企业逐渐被新的企业组织形式重新整合或塑造，有的被外商直接投资重组，竞争力日益提升，在不断完善的市场环境中日臻壮大。

在中国的改革大潮中，国家尤其乐于引入新的激励机制，这些机制能够影响到社会的各个部门，不管是生产者还是消费者，不管是政府官员还是公共企业的管理人员或私营企业主，他们的行动无不受到激励。国家出台了明确的政策，旨在加强市场的竞争性，深化市场在经济各领域中的作用。公有制企业形式得到了保留，但之后的改革把国有企业也抛入市场，让其在不断收紧的“硬”预算约束下运营。

随着 1980 年代和 1990 年代农村经济的大规模飞速发展，官员干部也得以分享经济增长带来的富裕，这又给了他们更大的动力去推动经济发展。本章也着重讨论的一点是，政府官员的利益并不限于公有制企业，私营经济的快速增长也能够为他们带来机遇。到了改革第二个十年的末尾，国家对乡镇企业等公有制企业进行了“重组”，这又为公职人员带来了更多的机遇。

> 一个大规模的独立企业家群体开始崛起，他们的数量要远多于那些有政治联系的企业家，财富也能和其相匹敌。我们也发现，在这一背景下，国有企业的资产剥离较为有限且进展缓慢，因为中国的国家体制仍充满活力。即使资产剥离还在进行，也是一个渐进的过程，可能要花一代人或几代人的时间。(Walder 2003)

1994 年的财税体制改革逐步提高了政府财政收入占 GDP 的比重，也使中央政府的收入在国家财政收入中的份额从不到 30%几乎提升至 60%。同其他发展中国家一样，中国成功背后的某些因素符合标准的经济学设定，如价格体系的自由化、贸易和投资的开放、金融领域的商业化，中国在实现这些的同时也保持了宏观经济的相对稳定。然而，中国实现这些改革的方式同其他大多数发展中国家有着巨大的差异：中国采取了一种渐进式的、不断探索试验的改革路径，通过权力下放和建立激励机制实现地方政府的转变，同时也为人民调整思想、适应新的发展愿景提供足够的时间和空间。重要的是，中国还会努力地采取措施，尽量保证改革对于大多数方面来说是共赢的。维护和保持社会凝聚力是工作的重中之重。

中国快速增长的原因还在于中国能够长期不断地改革。其他国家的改革进程多少会有些起伏摇摆，因为它们往往会陷入短期的民选政府形成的政治循环中。总而言之，中国有能力自主地设计和推动适合自己国情的本土改革。

早在改革的开始阶段，中国就能够利用创造性的商业模式同海外华人资本密切合作，从而为自己资本密集型的经济增长募集所需的资金。封闭的资本账户以及强有力的银行监管都降低了出现金融危机的风险。中国在这一点上是从 1970 年代的亚洲金融危机中吸取的教训。在那次危机中，开放的资本账户使得国际资本从许多亚洲经济体中迅速逃离，摧毁了这些国家的国内经济。

此外，虽然对于腐败的报道常常见诸报端，中国正坚定决心，努力地减少政府和社会腐败。总的来说，中国在党和政府内部建立了一套运行机制，这在很大程度上限制了滥用权力和腐败的发生。同样地，权力向地方的下放激发了各地区之间积极展开竞争，这也降低了寻租的可能性并鼓励了地方进行体制创新。

当然并不是所有的政策和改革都卓有成效。经济快速增长本身也带来了许多新的挑战。经济发展的可持续性、贫富差距和环境等问题都成为政府在实行新的政策和改革中的主要议题。下一章将着重讨论这些问题，因为它们决定着中国未来发展的前景。中国的增长还会继续吗？是哪些力量终将塑造中国未来的转型？随着中国日渐富裕，政府的政策目标也不再仅限于推动经济增长，中国的政策重心会有哪些调整，从而能够保证改革成果的分配更加平衡、经济发展更加持久？

参考文献

Abramovitz, M. 1986. 'Catching Up, Forging Ahead, and Falling Behind', *Journal of Economic History*, 46(2): 385–406.

Acemoglu, D., S. Johnson, and J.A. Robinson. 2004. 'Institutions as the Fundamental Cause of Long-run Growth', NBER Working Paper.

Aron, J. 2000. 'Growth and Institutions: A Review of the Evidence', *The World Bank Research Observer*, 15(1): 99.

Ash, R.F. and Y.Y. Kueh. 1996. *The Chinese Economy under Deng Xiaoping*. New York: Oxford University Press.

Bajpai, N. and T. Jian. 1996. *Reform Strategies of China and India: Suggestions for Future Actions*. Harvard: Harvard Institute for International Development, Harvard University.

Besley, T. and M. Ghatak. 2006. 'Public Goods and Economic Development', in *Understanding Poverty*, pp. 285–302. New York: Oxford University Press.

Bhagwati, J.N. 2004. *In Defense of Globalization*. New York: Oxford University Press.

Blanchard, O. and A. Shleifer. 2001. 'Federalism With and Without Political Centralization: China versus Russia, *IMF Staff Papers*.

Blecher, M. 2004. 'The Working Class and Governance in China', *Governance in China*, pp. 193–206. Lanham, MD: Rowman and Littlefield.

Bloom, D.E., D. Canning, L. Hu, Y. Liu, A. Mahal, and W. Yap. 2006. 'Why Has China's Economy Taken Off Faster than India's?', in *Pan Asia Conference*. Available at http://scid.stanford.edu/events/PanAsia/Papers/papersonly.Html, accessed on 20 June 2010.

Bloom, D.E., D. Canning, and J. Sevilla. 2004. 'The Effect of Health on Economic Growth: A Production Function Approach', *World Development*, 32(1): 1–13.

Brean, D.J.S. 1998. 'Financial Perspectives on Fiscal Reform', in Trish Fulton, Jinyan Li, and Dianqing Xu (eds), *China's Tax Reform Options*, pp. 47–56 Singapore: World Scientific.

Burns, J.P. 1994. 'Civil Service Reform in China', *The Australian Journal of Chinese Affairs*, 2(2): 44–72.

Caro, R.A. 2002. *The Years of Lyndon Johnson: Master of the Senate*. New York: Knopf.

Chen, M. 2001. *Inside Chinese Business*. Boston: Harvard Business Press.

Chen, P. 1993. 'China's Challenge to Economic Orthodoxy: Asian Reform as an Evolutionary, Self-organizing Process', *China Economic Review*, 4(2): 137–42.

Cheung, G.C. 2004. 'Chinese Diaspora as a Virtual Nation: Interactive Roles between Economic and Social Capital', *Political Studies*, 52(4): 664–84.

Chou, B.K. 2005. 'Implementing the Reform of Performance Appraisal in China's Civil Service', *China Information*, 19(1): 39.

Clague, C., P. Keefer, S. Knack, and M. Olson. 1996. 'Property and Contract Rights in Autocracies and Democracies', *Journal of Economic Growth*, 1(2): 243–76.

Deng, X. 1994. *Selected Works of Deng Xiaoping, 1982–1992*. Beijing: Foreign Languages Press.

Dernberger, R.F. 1980. *China's Development Experience in Comparative Perspective*. Cambridge, MA: Harvard University Press.

Djankov, S., E. Glaeser, R. La Porta, F. Lopez-de-Silanes, and A. Shleifer. 2003. 'The New Comparative Economics', *Journal of Comparative Economics*, 31(4): 595–619.

Elson, D. and N. Cagatay. 2000. 'The Social Content of Macroeconomic Policies, *World Development*, 28(7): 1347–64.

Fan, G. 2005. 'China is a Private-sector Economy'. Available at http://www.businessweek.com/magazine/content/05_34/b3948478.htm, accessed on 24 May 2010.

Fan, S. 2004. 'Infrastructure and Pro-poor Growth', Réseau du CAD sur la réduction de la pauvreté: Agriculture et croissance favorable aux pauvres, Paris.

Fan, S. and C. Chan-Kang. 2005. *Road Development, Economic Growth, and Poverty Reduction in China*. Washington DC: International Food Policy Research Institute (IFPRI).

Fan, S., L. Zhang, and X. Zhang. 2002. 'Growth, Inequality, and Poverty in Rural China: The Role of Public Investments', Research Report, International Food Policy Research Institute (IFPRI), Washington DC.

Feuerwerker, A. 1976. *State and Society in Eighteenth-century China: The Ch'ing Empire in Its Glory*. Ann Arbor: University of Michigan Press.

Fewsmith, J. 2004. 'Elite Responses to Social Change and Globalization', in Jude Howell (ed.), *Governance in China*. Oxford: Rowman and Littlefield.
Frye, T. and A. Shleifer. 1997. 'The Invisible Hand and the Grabbing Hand', *The American Economic Review*, 87(2): 354–8.
Garnaut, R. and L. Song. 2004. *China: Is Rapid Growth Sustainable?* Australian National University: Asia Pacific Press.
Glaeser, Edward L., Rafael La Porta, Florencio Lopez-de-Silanes, and Andrei Shleifer. 2004. 'Do Institutions Cause Growth?', *Journal of Economic Growth*, 9(3): 271–303.
Gries, P.H. and S. Rosen. 2004. *State and Society in 21st Century China*. London and New York: Routledge.
Gu, E.X. 1999. 'From Permanent Employment to Massive Lay-offs: The Political Economy of "Transitional Unemployment" in Urban China (1993–8)', *Economy and Society*, 28(2): 281.
Harrold, P. 1992. *China's Reform Experience to Date*, World Bank. Available at http://ideas.repec.org/p/fth/wobadi/180.html, accessed on 19 May 2010.
Heckman, J.J. 2003. 'China's Investment in Human Capital', *Economic Development and Cultural Change*, 51: 795–804.
Heilmann, S. 2008. 'Policy Experimentation in China's Economic Rise', *Studies in Comparative International Development (SCID)*, 43(1): 1–26.
———. 2009. 'Maximum Tinkering under Uncertainty: Unorthodox Lessons from China, *Modern China*, 35(4): 450.
Hofman, B. and J. Wu. 2009. 'Explaining China's Development and Reforms', Paper Submitted to the Growth Commission, World Bank Resident Mission, Beijing.
Howell, J. 2004. 'New Directions in Civil Society: Organizing around Marginalized Interests', in J. Howell (ed.), *Governance in China*, pp. 143–71. Rowman & Littlefield Publishers, Inc.
Hu, A. 2004. 'Economic Growth and Employment Growth in China (1978–2001)', *Asian Economic Papers*, 3(2): 166–76.
Huang, Y. 1998. 'The Industrial Organization of Chinese Government', MA Working Paper Boston, Harvard Business School.
———. 2002. 'Did the Chinese Government Pursue a Gradualist Reform Strategy in the 1990s?', in China Transition Workshop.
———. 2003. *Selling China: Foreign Direct Investment during the Reform Era*. Cambridge, Mass.: Cambridge University Press.
———. 2008. *Capitalism with Chinese Characteristics: Entrepreneurship and the State*, 1st edn. Cambridge Mass.: Cambridge University Press.
Hussain, A. and N. Stern. 2006. 'Public Finance: The Role of the State and Economic Transformation in China: 1978–2020', *Comparative Studies*, 26: 25–55.

Iliev, P. and L. Putterman. 2007. 'Social Capability, History and the Economies of Communist and Postcommunist States', *Studies in Comparative International Development (SCID)*, 42(1): 36–66.

Kao, J. 1993. 'The Worldwide Web of Chinese Business', *Harvard Business Review*, 71(2): 24–38.

Landry, P.F. 2003. 'The Political Management of Mayors in Post-Deng China, *The Copenhagen Journal of Asian Studies*, 17: 31–58.

Lardy, N. 2007. 'China Economy: Problems and Prospects', in *Footnotes*, Newsletter of the Wachman Center, Foreign Policy Research Institute.

Lau, L.J. 1992. *Macroeconomic Policies for Short-term Stabilization and Long-term Growth of the Chinese Economy*. Asia/Pacific Research Center, Stanford University.

Lau, L.J., Y. Qian, and G. Roland. 1997. Pareto-improving Economic Reforms through Dual-track Liberalization, *Economics Letters*, 55(2): 285–92.

———. 2000. 'Reform without Losers: An Interpretation of China's Dual-track Approach to Transition', *Journal of Political Economy*, 108(1): 120–43.

Li, D.D. 1998. 'Changing Incentives of the Chinese Bureaucracy, *American Economic Review*, 88(2): 393–7.

Lin, J.Y. 1992. 'Rural Reforms and Agricultural Growth in China', *The American Economic Review*, 82(1): 34–51.

———. 2004. 'Lessons of China's Transition from a Planned Economy to a Market Economy', *Distinguished Lecture Series*, 16.

Lin, J.Y., F. Cai, and Z. Li. 1996. 'The Lessons of China's Transition to a Market Economy', *Cato Journal*, 16(2): 201–31.

Lin, J.Y. and Z. Liu. 2000. 'Fiscal Decentralization and Economic Growth in China', *Economic Development and Cultural Change*, 49(1): 1–21.

Liu, Y., K. Rao, and W.C. Hsiao. 2003. 'Medical Expenditure and Rural Impoverishment in China', *Journal of Health Population and Nutrition*, 21(3): 216–22.

Lovett, S., L.C. Simmons, and R. Kali. 1999. 'Guanxi versus the Market: Ethics and Efficiency', *Journal of International Business Studies*, 30(2): 231–2.

Lutz, W., W. Sanderson, and S. Scherbov. 2008. 'The Coming Acceleration of Global Population Ageing', *Nature*, 451(7179): 716–19.

McKinley, T. 2003. *The Macroeconomics of Poverty Reduction*, Initial Findings of the UNDP Asia-Pacific Regional Programme. New York: UNDP.

McMillan, J. 1994. *China's Nonconformist Reforms*. Institute on Global Conflict and Cooperation, University of California.

McMillan, J. and B. Naughton. 1992. 'How to Reform a Planned Economy: Lessons from China', *Oxford Review of Economic Policy*, 8(1): 130–43.

Narayan, D. and M. Woolcock. 2000. 'Social Capital: Implications for Development Theory, Research, and Policy', *The World Bank Research Observer*, 15(2): 225–49.

National Bureau of Statistics (NBS), China. 2005. *China Compendium of Statistics 1949–2004*. Beijing: China Statistics Press.

Naughton, B. 1993. 'Monetary Control and China's Most Recent Macroeconomic Cycle', *China Economic Review*, 4(2): 231–4.

———. 1994a. 'Chinese Institutional Innovation and Privatization from Below', *The American Economic Review*, 84(2): 266–70.

———. 1994b. 'What is Distinctive about China's Economic Transition? State Enterprise Reform and Overall System Transformation', *Journal of Comparative Economics*, 18(3): 470–90.

———. 1996. *Growing Out of the Plan*. Cambridge, Mass.: Cambridge University Press.

———. 2007. *The Chinese Economy: Transitions and Growth*. MIT Press.

Naughton, B. and D.L. Yang (eds). 2004. *Holding China Together: Diversity and National Integration in the Post-Deng Era*. New York: Cambridge University Press.

Nee, V. 1992. 'Organizational Dynamics of Market Transition: Hybrid Forms, Property Rights, and Mixed Economy in China', *Administrative Science Quarterly*, 37(1): 1–27.

Nee, V., S. Opper, and S.M. Wong. 2007. 'Developmental State and Corporate Governance in China', *Management and Organization Review*, 3(1): 19–53.

Nolan, P. 2004. *Transforming China: Globalization, Transition and Development*. London: Anthem Press.

North, D.C. 1990. *Institutions, Institutional Change, and Economic Performance*. New York: Cambridge University Press.

North, D.C. and R.P. Thomas. 1973. *The Rise of the Western World: A New Economic History*. New York: Cambridge University Press.

Oi, J.C. 1992. 'Fiscal Reform and the Economic Foundations of Local State Corporatism in China', *World Politics: A Quarterly Journal of International Relations*, 45: 99–126.

———. 1995. 'The Role of the Local State in China's Transitional Economy', *China Quarterly*, 144: 1132–49.

Park, S.H. and Y. Luo. 2001. 'Guanxi and Organizational Dynamics: Organizational Networking in Chinese Firms', *Strategic Management Journal*, 22(5): 455–77.

Perkins, D. 1994. 'Completing China's Move to the Market', *The Journal of Economic Perspectives*, 8(2): 23–46.

———. 2006. 'China's Recent Economic Performance and Future Prospects', *Asian Economic Policy Review*, 1(1): 15–40.

Putnam, R.D., R. Leonardi, and R.Y. Nanetti. 1993. *Making Democracy Work*. NJ: Princeton University Press.

Putterman, L. 1995. 'The Role of Ownership and Property Rights in China's Economic Transition', *The China Quarterly*, 144: 1047–64.

Qian, Y. 1999. 'The Process of China's Market Transition (1978–1998): Evolutionary, Historical and Institutional Perspectives', *Journal of Institutional and Theoretical Economics* symposium on 'Big-Bang Transformation of Economic Systems as a Challenge to New Institutional Economics', June, pp. 9–11.

———. 2002. 'How Reform Worked in China', SSRN eLibrary. Available at http://papers.ssrn.com/sol3/papers.cfm?abstract_id=317460, accessed on 25 May 2010.

Qian, Y. and G. Roland. 1998. 'Federalism and the Soft Budget Constraint', *American Economic Review*, 88(5): 1143–62.

Qian, Y. and B.R. Weingast. 1996. 'China's Transition to Markets: Market-preserving Federalism, Chinese Style', *Journal of Economic Policy Reform*, 1(2): 149–85.

Qian, Y. and C. Xu. 1993. 'Why China's Economic Reforms Differ: The M-form Hierarchy and Entry/Expansion of the Non-state Sector', *Economics of Transition*, 1(2): 135–70.

Ranis, G. and F. Stewart. 2006. 'Successful Transition towards a Virtuous Cycle of Human Development and Economic Growth: Country Studies', SSRN eLibrary. Available at http://papers.ssrn.com/sol3/papers.cfm?abstract_id=920603, accessed on 21 May 2010.

Rawski, T.G. 1999. 'Reforming China's Economy: What Have We Learned?', *The China Journal*, 41: 139–56.

Rodrik, D. 1999. 'Institutions for High-quality Growth: What They Are and How to Acquire Them', prepared for delivery at the IMF Conference on Second Generation Reforms.

Sachs, J.D. and W. T. Woo. 2000. 'Understanding China's Economic Performance', *Journal of Economic Policy Reform*, 4(1): 1–50.

———. 2003. 'China's Economic Growth after WTO Membership', *Journal of Chinese Economic and Business Studies*, 1(1): 1–31.

Saich, T. 2003. 'Reform and the Role of the State in China', in Robert Benewick, Marc Blecher, and Sarah Cook (eds), *Asian Politics in Development: Essays in Honour of Gordon White*. London: Frank Cass Publishers.

Shambaugh, D.L. 1995. *Greater China*. Oxford: Oxford University Press.

Smart, A. and J.Y. Hsu. 2004. 'The Chinese Diaspora, Foreign Investment and Economic Development in China', *The Review of International Affairs*, 3(4): 544–66.

Stiglitz, J.E. 2006. *Making Globalization Work.* New York: W.W. Norton & Co.
Sun, L. 2002. 'The Sociology of Practice and the Analysis of the Practical Process of Market Transition', *Social Sciences in China*, 23(4).
Sun, Y. 1999. 'Reform, State, and Corruption: Is Corruption Less Destructive in China than in Russia?', *Comparative Politics*, 32(1): 1–20.
Transparency International. 2009. *Corruption Perceptions Index 2009.* Available at http://www.transparency.org/policy_research/surveys_indices/cpi/2009, accessed on 10 June 2010.
UN Country Team in China. 2008. *China's Progress towards the MDGs 2008 Report*, Beijing. Available at http://www.undp.org.cn/modules.php?op=modload&name=News&file=article&catid=18&topic=4&sid=4354&mode=thread&order=0&thold=0, accessed 19 May 2010.
United Nations Development Program (UNDP). 2005. *China Human Development Report 2005.* Beijing: China Translation & Publishing Corporation.
———. 2008. *China Human Development Report 2007/08.* Beijing: China Translation & Publishing Corporation.
Walder, A.G., 1995. 'China's Transitional Economy: Interpreting Its Significance', *China Quarterly*, 144: 963–79.
———. 2002. 'Markets and Income Inequality in Rural China: Political Advantage in an Expanding Economy', *American Sociological Review*, 67(2): 231–53.
———. 2003. 'Sociological Dimensions of China's Economic Transition: Organization, Stratification, and Social Mobility', *Shorenstein APARC.*
Wang, Y. and Y. Yao. 2003. 'Sources of China's Economic Growth 1952–1999: Incorporating Human Capital Accumulation', *China Economic Review*, 14(1): 32–52.
Watson, A. 1988. 'The Reform of Agricultural Marketing in China since 1978', *The China Quarterly*, 113: 1–28.
WFP. 2009. *China—A Report on the Status of China's Food Security*, United Nations World Food Programme—Fighting Hunger Worldwide, China Agricultural Science and Technology Press. Available at http://www.wfp.org/content/china-report-status-chinas-food-security, accessed on 24 May 2010.
WHO (Word Health Organization). 2000. *The World Health Report 2000: Health Systems—Improving Performance.* Geneva: WHO.
Whyte, M.K. 1995. 'The Social Roots of China's Economic Development', *The China Quarterly*: (144): 999–1019.
World Bank. 1995. *Bureaucrats in Business.* Washington DC: World Bank.
———. 1996. *From Plan to Market.* New York: Oxford University Press.
———. 2010. *World Development Indicators.* Washington DC: World Bank.

Xin, K.R. and J.L. Pearce. 1996. Guanxi: Connections as Substitutes for Formal Institutional Support, *Academy of Management Journal*, 39(6): 1641–58.

Xu, L.C. 1997. *The Productivity Effects of Decentralized Reforms: An Analysis of the Chinese Industrial Reforms*. Washington DC: World Bank Publications.

Young, A. 2000. 'The Razor's Edge: Distortions and Incremental Reform in the People's Republic of China', *Quarterly Journal of Economics*, 115(4): 1091–135.

Yu, Y., 2001. 'A Review of China's Macroeconomic Development and Policies in the 1990s', *China and World Economy*, 6.

———. 2008. 'Chinese Macroeconomic Management: Issues and Prospects', *China, Asia, and the New World Economy*, 1: 254–74.

Zhao, S. 1993. 'Deng Xiaoping's Southern Tour: Elite Politics in Post-Tiananmen China', *Asian Survey*, 33(8): 739–56.

Zheng, Y. 1994. 'Quasi-corporatism, Developmental Localism, and Behavioral Federalism', PhD dissertation, Princeton University.

Zhou, T. (ed.). 1984. *Dangdai Zhongguo de Jingji Tizhi Gaige (Economic System Reforms in Contemporary China)*. Beijing: China Social Science Press.

第六章

中国的未来发展前景

中国过去30年的改革和快速发展大幅减少了贫困，提高了人民的生活水平。中国从1978年时的世界第十大经济体攀升为世界第二大经济体①。中国的GDP在世界经济中的份额也有了迅速提高，从1978年的1.8%上升到2008年的6.42%。人民的生活方式也从之前的只注重基本的衣食变为追求更高的消费水平，消费模式也日趋复杂。人力资本迅速增加，不仅是因为中国在教育、收入和医疗卫生这三项人类发展指数的基本指标上取得了长足的进步，也是因为人们拥有越来越大的自由选择权。中国民众如今可以自由地选择雇主，决定在哪里居住，同样有创业成为企业主的自由。

尽管中国取得了这些为人称道的成就，专家们也开始宣称中国已经崛起为世界大国，然而不应忘记中国仍是一个发展中国家——中国的各项人均指标排名仍在100名开外。2007年，中国尚有2亿多人无法获得足量的安全饮用水以及其他基础性公共服务设施。贫困问题在一些偏远地区尤其严重，这些地区往往自然条件恶劣并且生态系统脆弱，人们面临着日益增加的气候变化的压力。此外，中国还有1.5亿

① See World Bank，World Development Indicators database.

到2亿的农民工，这些农民工至今仍无法享受同城镇正式居民一样的社会服务和社会保障，因此也是一个尤为弱势的群体（UN 2008）。

根据中国2007—2008年度的《人类发展报告》，从1980年到2005年间，中国人类发展指数的提高有52%要归功于GDP的增长，18%得益于人均寿命的提高，教育发展的贡献率则为30%。然而政府自身也已经意识到，中国在取得史无前例的经济增长的同时也付出了巨大的代价，包括环境恶化、贫富差距扩大以及社会安全度下降等。

中国还会继续增长吗？

这对于中国和世界来说都是个重要问题。虽然大部分观察者认为中国在可预见的未来一段时间内会继续增长，但他们抱有这种预测的原因却和他们对于中国过去经济成就的解释一样不一而足。中国国内外的很多分析人士和决策者十分关注这个问题，他们往往还会关心：中国的迅速崛起对于现存的世界秩序来说意味着什么？

中国经济增长的速度和时长已经超越了其他快速发展的亚洲国家。日本、韩国都曾快速发展过，尤其是在其经济飞跃的初期，即1960年代和1970年代。但中国已经保持了30年的经济高速增长。中国所谓的政策扭曲会最终拖慢其增长的步伐吗？因此关键的问题在于：过去的势头能否在未来延续？有哪些重大的挑战需要被解决？会有哪些“抉择时刻”需要中国的领导人重新审视自己的发展蓝图及其实施方式？

要回答这个问题，有多种思考路径①。一种是直接用过去的增长速度来推断未来的增长情况。另一种判断中国经济的方法是看产业结

---

① See, for instance, Holz (2005, 2008); He and Kuijs (2007); Brandt et al. (2007); Bottelier and Fosler (2007); and Perkins (2006).

构升级的进度。不过也有预测强调，中国要在接下来的几十年里继续保持高增长率，必须进行政策调整。大部分观察人士对中国的未来持乐观态度。他们的乐观是基于推动中国之前的发展转型的驱动力在今天仍然存在。当然前提是中国政府和执政高层仍能全力投入，努力改善人民的生活水平，推动国家的全面发展。还有另一个前提是中国能够更好地解决贫富差距和社会福利问题，因为这些问题已经开始侵蚀社会稳定，损伤社会凝聚力。消除收入和社会不均已经成为一项政治要务，而且中国也有充裕的财政空间来应对这一挑战。

中国经济正日趋复杂，也已融入了世界贸易和金融体系。在此情况之下，中国政府不得不非常警惕地防范外部冲击，因此必须对经济有成竹在胸的谋划和治理的良策。2008 年的国际金融危机是对中国政府的第一次重大考验。在大多数人看来，在这次考验中中国政府已经成功过关。经济结构调整以及和谐社会建设是中国政府的首要任务。中国下一波的改革将会涉及哪些领域，应当采取何种政策，这些都仍是人们争论不休的问题。

一些预测

一些宏观经济数据能够帮助我们了解中国经济可能出现的未来变化及其将在世界经济中起的作用。简单地根据中国过去的 GDP 增长势头来推测，到 2030 年前后，中国也很有可能成为按名义价值计算的世界最大经济体（Holz 2005，2008）。

很多经济学家认为，中国仍处于发展的早期阶段。把中国同其他发展程度更高的国家相比较，尤其是同日本和韩国等比较，就可能推测出中国的未来发展前景，以及中国还有多大的发展空间，要“追赶”上这些国家还需多长时间（见表 6-1）。比如，中国从 1978 年到

2009年间590%的人均增长[①]（按购买力平价计算）可大致等同于日本1950年到1973年间490%的人均增长和韩国1962年到1990年间680%的增长（Wolf 2005）。在这一发展阶段，政策措施的实行都是为了打破发展的桎梏，让业已成形的发展模式开始大展拳脚。同时，劳动力逐步从低生产率的农业向高生产率的工业和服务业转移。基于从1978年到2002年间中国的农业劳动人口减少的速度，并且允许一些误差的存在，通过比较可以推知中国还需几十年的发展才能达到农业劳动人口占总劳动人口10%的门槛。日本、韩国也停留在这一农业劳动人口比例上（Holz 2005）。因此在未来的一段时间内，经济结构的转型仍有可能继续推动经济增长。不过仍需重申的是，中国的发展速度之快和增长持续时间之长已经超越了日本和韩国，因此在很多方面我们还无法依律推定中国未来的情况。

表6-1　中国、日本和韩国各经济部门的发展（1960—2001年）

中国	1960年	1970年*	1980年	1990年	2000年
就业人数占比（%）					
农业	80.8	68.7	60.1	50.0	
工业	…	10.2	18.2	21.4	22.5
服务业	…	9.0	13.1	18.5	27.5
增加值占比（%）					
农业	…	…	30.2	27.1	15.1
工业	…	…	48.2	41.3	45.9
服务业	…	…	21.6	36.7	39.0
人均GDP（按2005年美元计算）	…	0.7	0.8	1.4	2.9
人均GDP（按当前美元计算）	3.2	2.2	1.6	1.3	2.7
I/Y比率（%）	…	…	20.0	24.2	33.2
十年GDP增长率（%）	…	4.7	6.3	9.4	10.5
十年劳动生产率增长率（%）	…	…	…	6.0	8.0

① 由笔者计算，年复合增长率为6.1%。

（续表）

日本	1960 年	1970 年*	1980 年	1990 年	2000 年
就业人数占比（%）					
农业	…	…	10.4	7.2	5.1
工业	…	…	35.3	34.1	31.2
服务业	…	…	54	58.2	63.1
增加值占比（%）					
农业	…	5.2	3.6	2.5	1.4
工业	…	44.4	40.4	39.2	32.2
服务业	…	50.3	56.0	58.3	66.5
人均 GDP（按 2000 年美元计算）	…	96	106	118	108
人均 GDP（按当前美元计算）	16	39	75	107	108
I/Y 比率（%）	35.6	34.1	29.9	29.0	
十年 GDP 增长率（%）	10.5	4.5	4.0	1.4	
十年劳动生产率增长率（%）				2.7	1.1
韩国	1960 年	1970 年*	1980 年	1990 年	2000 年
就业人数占比（%）					
农业	…	…	34.0	17.9	10.9
工业	…	…	27.8	35.4	28
服务业	…	…	38.2	46.7	61
增加值占比（%）					
农业	…	…	…	…	4.3
工业	…	23.7	32.5	37.3	36.2
服务业	…	…	…	…	59.5
人均 GDP（按 2000 年美元计算）	…	11	14	23	31
人均 GDP（按当前美元计算）	5	5	13	25	28
I/Y 比率（%）	…	20.3	29.0	31.0	35.0
十年 GDP 增长率（%）	9.4	7.3	8.7	6.2	
十年劳动生产率增长率（%）	5.7	3.6	5.8	4.5	

* 日本的部分相关数据为 1971 年数据。

资料来源：He and Kuijs (2007)，NBS，USDA，IMF，and author's estimates.

基于“传统的经济增长和贸易理论，考察经济结构的转型情况和发达国家的差距缩小程度以及要素价格均等化的水平”，可以建构出不同的模型来预测中国的未来发展趋势①。其中大部分模型预测中国有进一步“追赶”发达国家的潜质。“此外，同处于相似发展阶段的日本和韩国相比较，中国对外资和外部技术更加开放，全球化的加深也使得技术和新观念的引进更加便利。这也可能是为什么中国现在的劳动生产率和 TFP 的增长速度都要高于彼时的日韩的原因之一”(He and Kuijs 2007)。这其中的关键因素自然还是那些能够促进劳动生产率提高的力量。能否“追赶”上发达国家还取决于是否拥有先进的技术和管理手段，以及劳动力的受教育水平如何（见表 6－2a)。

表 6－2a　对中国未来增长的诸多预测之比较

	规划时间（年）	年均增长率（%）	中国何时越过美国
霍尔兹 (Holz 2008)	2005—2025	7.0～9.0 (2005—2015 年)	2010 年（按购买力平价计算）
麦迪逊 (Maddison 2007)	到 2030	4.98（2003—2030 年）	2015 年之前（按购买力平价计算）
凯德尔 (Keidel 2008)	到 2030	…	2030 年之前
福格尔 (Fogel 2006)	到 2030	8.0	
新华社 (Xinhua Agency 2008)	到 2030	8.0	
王等人 (Wang et al. 2007)	2006—2020	7.8（2006—2010 年） 5.9（2010—2020 年）	
何等人 (He et al. 2007)	2010—2020	基准场景 8.3（2010—2015 年） 7.0（2016—2020 年）	

① 一个常见的方法是分解 GDP 的增长。一些模型假定生产保持稳定，这种假定颇不可靠，因为持续的经济转型就是为了变革生产条件。也有模型基于对中国能够维持多久的高储蓄率和投资率的假设来推测中国的未来增长趋势。另外还有模型依靠计算劳动力的增长率及相关变量来做出预测，这种方式被称为收入计算法。该方法根据已知的目前劳动力数量和分布情况来估算中国未来的劳动力状况。在假定目前和未来的人口数量和质量都能够充分满足经济发展需求的前提下，可以从劳动力的相关情况得出 GDP 未来的水平。稍加变化也可以计算出从事经济活动的劳动者（economically active labourer）的平均 GDP 水平。另一种测算未来增长趋势的方法是把中国同其他国家的经济发展轨道相比较，考察经济在打破阻碍，向下一个发展阶段过渡后，能否获得更多的动力进一步增长（Holz 2005，2008）。

当考察中国的要素价格均等化水平时，也可以得出相似的结论。要素价格均等化理论的核心观点是，在特定的前提下，各国的技能薪资水平最终将趋同。根据这一理论，劳动生产率的提高速度同薪资增加之间的关系曲线会呈现出一种倒 U 形，因为起先劳动生产率的增速会在薪资增加的刺激下上升，之后随着资本回报率（或相对回报率）逐渐同美国等发达经济体“趋同”，劳动生产率的增速也会下降。很显然中国尚处在这种倒 U 形曲线的前半段，如果中国能够遵循日本和韩国的发展轨迹，那么“中国经济还会在劳动力成本相对较低的条件下继续增长 30 年”（Holz 2005）。

大多数观察人士一致认为按购买力平价计算，中国经济会在十年内超过美国。如果计算人均水平，中国超越美国的时间就要晚得多，可能要到三四十年以后（见表 6 - 2b），但这只是粗线条地比对。霍尔兹（Holz 2005）又补充了一个重要的比较维度，即“沿海地区，尤其是发展最快的 5 个省份加上上海，其总人口数比美国还多，这个区域可能在 20 年内就能追赶上美国的经济发展水平”。阿文德·萨勃拉曼尼亚（Arvind Subramanian）在其著作《大预测》（*Eclipse*，2011）中进一步得出结论认为，中国经济按购买力平价计算已经是世界第一。到 2030 年，中国的人均收入水平将会达到美国的一半。

表 6 - 2b　对中国实际 GDP 增长率的不同预测之比较（2006—2030 年）

	环球通视（%）	《经济学人》情报小组（%）	高盛集团（%）
2006—2010 年	8.6	8.0	7.1
2011—2015 年	7.2	5.5	5.8
2016—2020 年	6.4	4.4	5.0
2021—2025 年	6.1	4.5	4.5
2026—2030 年	n. a	4.7	4.1

资料来源：Holz（2008）；Maddison（2007）；Keidel（2008）；Fogel（2006）；Wang et al.（2007）；He et al.（2007）；and Elwell et al.（2007）.

更广的视野

这些预测虽然也有用，但终究只是浮光掠影式地为我们勾画出了中国的未来增长潜力。一个更好的问题是预测中的那些情形真的会发生吗？如果真会发生，我们就应关注有哪些经济和社会基本要素能够推动中国的进一步增长。解释中国过去的经济成就需要更广的视野。与之一样，拓宽视野也有助于我们发现那些能够推动中国未来增长和发展的关键性因素。中国和日本、韩国等东亚国家在过去的数十年中其经济都取得了飞速的增长，它们可以为其他发展中国家提供有益的发展经验。梳理出这些国家经济成功背后的原因并考察那些可能决定其未来发展前景的“驱动力”和改革举措都极有意义。

本书对中国的未来持乐观态度。这里需要讨论两组问题：一组是围绕那些可能会影响中国未来增长的长期“驱动力”；另一组是中国需要应对的挑战，只有成功跨越了这些挑战，中国才能在维持经济继续增长的同时确保大多数民众从中受益。

中国增长（和现代化）的持续驱动力

对改革的长期承诺以及发展型政府

没有迹象表明中国共产党和中国政府会改变自己的发展方针。之前的章节已经指出，取得更好的发展成果构成了党的执政合法性的基础。强有力的政府和日益完善的政策使中国在30年的改革中取得了举世瞩目的成就。既然已经成果显著，也就没有必要再去改变原有的方针。具体来说，有以下几点值得注意：首先，正如“十一五”规划（2006—2010年）中明确提出的，中国会继续致力于深化改革，推动经济快速增长。其次，同样十分明确的是，在下一个五年规划实施前夕，随着中国开始蓄力进行下一阶段的改革，政府需要重新调整之前发展中的一些重要方面。政策已经开始朝着正确的方向发力，如小康社会建设、“五个统筹”、社会主义新农村建设、缩减贫富差距等。中国还需要开展行政体制改革，提高行政效率和管理效能，增加政府的透明度，促进政府职能的发挥，这一点也得到了广泛认同。

改革意识已经深植于中国人的头脑之中。中国的领导层一直坚信，中国是一个社会主义市场经济国家，因此必须逐步减少各种障碍，实现市场的高效运行。前文曾着重讨论过，中国经济正变得日益市场化，市场的激励作用不断增强，这一趋势在将来仍会持续，尤其是在服务业部门中。这对于未来尤为重要，因为目前工业仍是中国最大的经济部门。2006 年，为了履行加入世贸组织的承诺，中国开始允许外资银行同国内银行平等地展开竞争。如今，“在保险业、证券业、资产管理行业和电信业，竞争都日趋激烈”（Lardy 2007）。图 6 - 1 显示，中国离实现国有经济和私营经济的均衡发展还有一段距离。不过，政策已经开始着力于促进公有制企业参与市场竞争，这一点意义重大。具体的措施包括收紧预算约束——虽然现在对银行的预算约束较紧而对政府的预算约束相对宽松（Garnaut et al. 2006）。

很显然，在改革发展的过程中，原有发展模式的许多方面需要被调整。收入差距的不断拉大以及环境保护的需要都使之成为一项头等政治议题。一个主要的调整方向是重新协调中央和地方之间的关系。1994 年的财税体制改革强化了中央的财政地位，是对财政体系的一次重要修正。但现在地方政府面临着资金不足的窘境，无法更好地履行提供社会服务的职能，这需要决策者重新思考财政权力

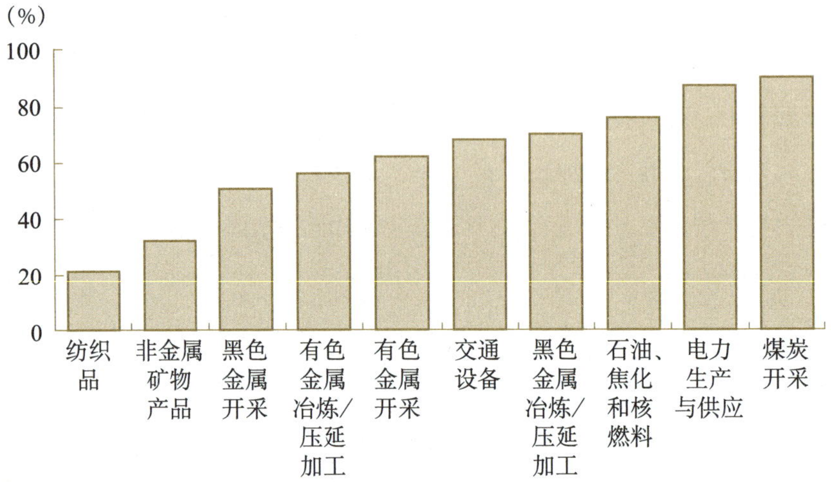

图 6-1　政府投资在各工业领域的份额

资料来源：National Statistics Bureau of China and Citigroup estimates (2010).

下放的程度。中国一直在努力均衡各省份和县市之间的医疗卫生和教育水平，但还需要实行更加有力的政策来推进这一事务。让所有公民都获得社会保障，这是公民的基本权利，中国还应更加努力地兑现这一承诺。所有这些调整都能够有效地遏制中国正日益扩大的收入差距。

生产效率、对外开放和全球化

中国正加速推进生产能力的全面提高。中国在诸多领域内的生产效率依然低下，同时这也为中国"追赶"发达国家提供了更多的空间。很多人过多地看到了中国以往的低生产率，而忽视了新情况的出现——中国的生产率自 2000 年以来有了快速的飞跃。博特利耶和福斯勒（Bottelier and Fosler　2007）认为，中国经济发展成就斐然，而且贸易顺差从 2004 年下半年起不断扩大，这背后的决定性因素是生产率的快速提高（见图 6-2）。

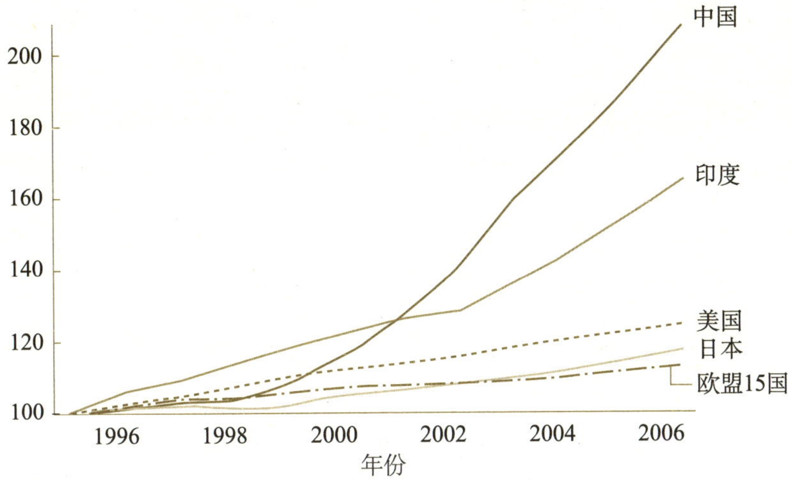

图 6-2　中国的生产率增长情况（1995 年＝100）

资料来源：Bottelier and Fosler（2007）.

中国生产率提高的一个关键驱动力是坚持对外开放和经济的全球化。中国“走出去”的政策已经对生产效率的提高产生了重要影响。国际货币基金组织的一项研究显示了对外开放给中国经济带来的巨大影响力（Tseng and Zebregs 2002）。该研究提供的证据表明，在 1990 年代后半段，虽然流入的外资仅占 GDP 的 5%，但却是中国生产率提高的主要贡献者。根据这项研究，外商直接投资“在整个 1990 年代给中国的 TFP 带来了年均 2.5%的增长”。外资企业占整个出口部门接近 50%的份额。虽然这些估算还有值得商榷之处，但毋庸置疑，最优实践和市场竞争在中国生产率的快速提高中起到了十分重要的作用。事实上，可以说中国的长期增长前景同中国经济能否走出去密切相关。这不仅是出于中国强大的制造能力必须要靠海外市场支撑这个常被提及的原因，更重要的是，只有这样才能使中国经济融入全球市场，同时在国内市场中提高经济效率，实现规模经济。中国经济的全球化进程将会持续下去，并不断加深。

中国的生产率水平有着较大的“追赶”空间。在宏观层面上，测量要素效率（factor efficiency）的一个指标是“增量资本产出率”（ICOR）。中国的ICOR约为5，而日本在1950年代的ICOR是3，韩国1970年代的水平在2到3之间。许多迹象显示，中国的资源效率还可以有大幅的提升。比如，中国的农业用水量和化肥使用量是世界平均水平的两到三倍。中国需要通过适当的政策和激励措施来积极促进资源的节约，提高资源的利用效率。另一个不利于可持续发展的方面是生产的能源强度（energy intensity），中国的单位产出能耗是美国的4.5倍、日本的7.5倍（单位为美元，按市场汇率换算），若按购买力平价计算，差距没有那么悬殊（He and Kuijs 2007）。

中国企业积极响应“走出去”的号召。中国融入全球供应链和经济网能够提高国内的生产能力，这是因为中国企业和企业中的工程、研发、设计和管理等方面的人员都可以借由全球商业网络施展拳脚、磨炼技能。在此过程中，中国企业可以学习最优的实践模式，提高产品标准，从而强化自身的组织资本。世界市场将继续向中国的国内产业输送先进的技术和管理模式，尤其是随着中国经济的开放和中国消费者的日渐成熟。这些压力有助于不断地提高国内产业的产品标准，促进生产过程越来越精细化（Ding et al. 2009）。

“走出去”的战略意义还不止于此。中国部分有竞争力的产业也开始进入跨国市场。以汽车和汽车零件制造业为例。汽车产品的双向贸易额从1995年到2000年翻了一番，到2004年又翻了两番，达到296亿美元。汽车零部件贸易额的增长还要更快，在2000年的基础上增加了五倍。中国企业通常选择同国际企业合作，产品既供应国内市场也供应国际市场。也有企业被俄罗斯、伊朗、埃及和马来西亚等国引进，在那里建立汽车组装工厂（Li 2005）。

在全球研发网络中也出现了越来越多的中国身影。比如，大众汽车公司就计划“同一家中国汽车制造商合作，开发、组装并销售一款混合动力的小型货车”，原因是“中国汽车业在汽车设计这一复杂技术领域的快速发展”，以及中国“政府部门对混合动力和燃料电池车辆研发的丰厚补贴”（Landler and Bradsher 2005）。过去，很多中国的拔尖人才移居美国，供职于那里的高科技企业和研究机构。然而现在人才开始越来越多地回流到中国。应用材料公司（Applied Materials）是一家大型的硅谷企业，是半导体、太阳能电板和显示屏等产品生产设备的顶级供应商，其首席科技官近来已经移居北京。该企业在西安建立了最新且规模最大的实验室。中国正加速发展高科技经济，并且制订了相关计划，大力提高其高科技产品和服务的全球竞争力。与此同时，中国正吸引着全世界的企业、企业家和工程师们到中国投资兴业。

中国也开始更加依赖进口能源和原材料。尤其值得注意的是中国1/3的原油和超过一半的铁矿石需要进口。预计到2020年，中国需要进口60%的原油和40%的天然气。中国政府和企业正着眼于全球，以保证资源的长期供应，并且确保资源不会成为中国未来发展的制约瓶颈。中国已跃升为世界主要的制造业中心，中国企业并没有只满足于完成国外企业的订单，而是积极地同亚洲其他地方的制造商合作，拓展新的商机。与此相应的是，中国正成为重要的海外投资来源国（见图6-3）。虽然每年中国对外投资数额难以找到，但不可否认的是其增长势头十分迅猛，从2003年的较低水平，到2005年时增加了4倍。有证据显示，海外投资的增长有利于中国在全球布局，保证资源的供应，并增强其国际竞争力。

随着新的贸易伙伴和商业机遇的出现，中国的贸易结构也在快速发生变化。1999年，中国同非洲的贸易额是20亿美元。到2008年，

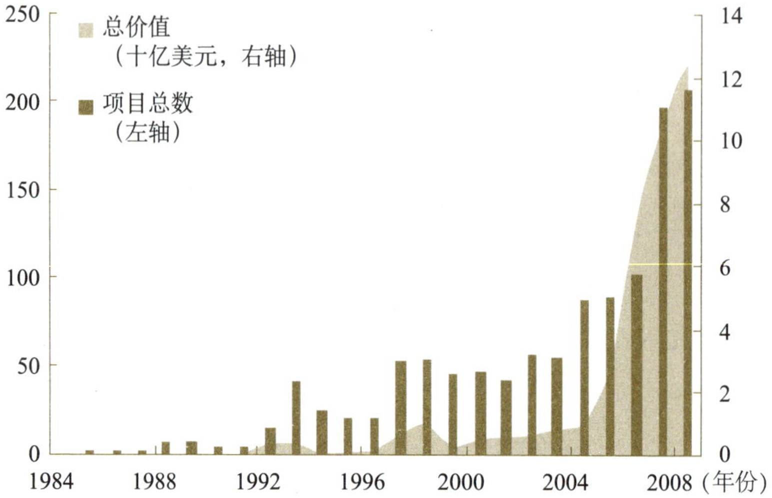

图 6－3　中国的对外直接投资

资料来源：Alon et al.（2010）.

中非之间的贸易量已经增加到 1 080 亿美元。而且令大部分观察人士感到十分惊讶的是，中国现在是印度的第一大贸易伙伴。中国的出口货物中有 60%出口到亚太地区国家。发展中国家之间的贸易和投资正在逐年增加（UNCTAD　2004）。中国正快速成为非洲大多数国家的主要投资来源国和贸易伙伴。

城市化和城乡经济一体化

壮阔的社会转型大潮仍在中国激荡。在未来的 20 年内，预计会有 3.5 亿人从农村转移到城市，这比美国目前的总人口还多。中国城镇人口的比重尚不足 50%（《人民日报》　2009），这一比例要低于亚洲大部分发展中国家。与城市化相伴的是收入的提升，因为农村居民迁移到城市是为了谋求更好的生活。这一社会转型同国家增加居民收入、提高农业和农村生产效率的政治和经济方针相契合，对中国来说既是机遇也是挑战。

农村的基本经济模式至今还是小农和家庭经济，这需要进一步发展成为商品化的现代农业形式，实行大规模的生产。鉴于中国农业人口的规模和具体国情，需要极为谨慎地对待一些重要的改革限制条件。一旦中国农业像日本和韩国那样变得完全商品化，农业生产就会集中在水果和蔬菜这样的高价值作物上。这虽然有可能提高农业收入水平，但会给国家的粮食安全和世界粮食价格带来巨大的冲击。中国目前的谷物需求量比世界谷物的总贸易量还要大①。同以往一样，逐步推进才是可行的路径。

一个相关的问题是乡镇企业。乡镇企业的经济份额及其对就业的促进作用虽然较 1980 年代和 1990 年代初的高峰时期已经大大降低，但其仍然是农村地区重要的就业岗位来源。在新时期重新调整乡镇企业的发展模式可以为之创造新的经济机遇，让其在地区市场和农产品加工业中发挥更强劲的作用。2006 年开始的社会主义新农村建设也给乡镇企业带来了新的机遇和挑战。虽然乡镇企业的规模已不如以往，但在 2004 年，中国仍有 2 200 万家乡镇企业，它们为 1.39 亿人提供了就业，创造了 41 820 亿元的增加值。2006 年，乡镇企业吸纳了 30%的农村劳动力。蓬勃发展的乡镇企业是社会主义新农村的重要组成部分。乡镇企业将在农产品加工业、建筑业、工业、交通运输业、通信业、商业和餐饮服务业等众多领域中提供具有价格竞争力的产品和服务②。

在城市化进程的另一端，大规模的人口转移到城市也会对城市的发展产生巨大的促进作用，刺激新城镇的建设和旧有城区的改造，为中国走上能源节约型的低碳发展道路提供重要的机遇。这又转而有助于提高国家的整体生产率，降低生产的能源强度，巩固中国的世界地位。

---

① 比如，根据联合国粮农组织统计数据库的数据，中国 2007 年的谷物需求量为 3.864 亿吨，而世界谷物的总出口量不过是 3.23 亿吨。

② 见中国政府网关于“农业发展和社会主义新农村建设”的专题报道，网址为 http：//www.gov.cn/english/special/rd_index.htm。

挑战

发展的可持续性

中国的人口基数庞大，这使得中国许多基础性资源的人均拥有量要远低于世界平均水平，尤其是土地和水资源。经济的迅速增长给资源带来了沉重的压力，也产生了严重的环境问题。有充分的证据表明，中国的增长对资源依赖度高，而且从很多方面来说效率低下。资源利用的可持续性和环境恶化都成为中国领导层高度关注的问题，也被提上了政治议程。

自然资源和环境的相关问题不容忽视。空气污染、水污染以及其他形式的污染正损害着人们的生命和健康，也可能会妨碍生产力的提高。生态系统的恶化，包括水土流失、荒漠化、森林的破坏和生物多样性的减少，都给可持续发展造成了威胁。农业是尤其需要关注的领域。尽管中国在为人民提供基本的衣食保障上取得了长足的进步，但确保粮食安全仍将是一项艰巨的挑战，特别是鉴于气候变化可能会诱发干旱、洪水等自然灾害，使农作物歉收，土地生产力下降。有人估计，气候变化可能会使平均每亩的农作物产量下降38%（UNDP 2010）。

此外，中国的贫困人口多居住在生态脆弱地区（Greenpeace and Oxfam 2009）。在中国最贫穷的地区，基础设施、教育、医疗和其他基本社会服务的水平一般较低，这使人们应对外部冲击的能力较弱，不管是经济震荡还是气候变化带来的冲击都是如此。贫困人口也最容易受到粮食不安全问题的影响，他们的生计多依赖于原始的农业和渔业，这些产业都极易受气温、降水等自然条件改变的影响。

不过现在，提高能源效率和环境保护已经成为政策的发力点。尤为重要的是，为了促进这些目标的实现，国家部署了多项政策激励措施。比如，政府官员的考核范围扩展到了能源效率提高和环境保护工作以及社会发展领域，这与之前仅看重GDP增长相比是一个重要变化。中国也制定了能源节约目标，要大幅提升可再生能源在总能源中的比重（到2020年提高到17%），还计划到2020年将生产的碳排放强度降低40%～45%。中国对风能、太阳能和生物能源等新能源和可再生能源的利用度世界领先。天津、北京和贵阳等众多城市在快速发展低碳经济。中国的发展规划者们逐步意识到，在高水平的人类发展的国家中有两种人均碳排放模式：一种是以日本和欧洲国家为代表的人均碳排放量较低的模式，另一种是以美国、加拿大和澳大利亚为代表的人均碳排放量较高的模式。中国2010年度《人类发展报告》指出，中国有巨大的潜力在各省份实现经济发展同碳排放的逐渐脱钩（见图6-4）。

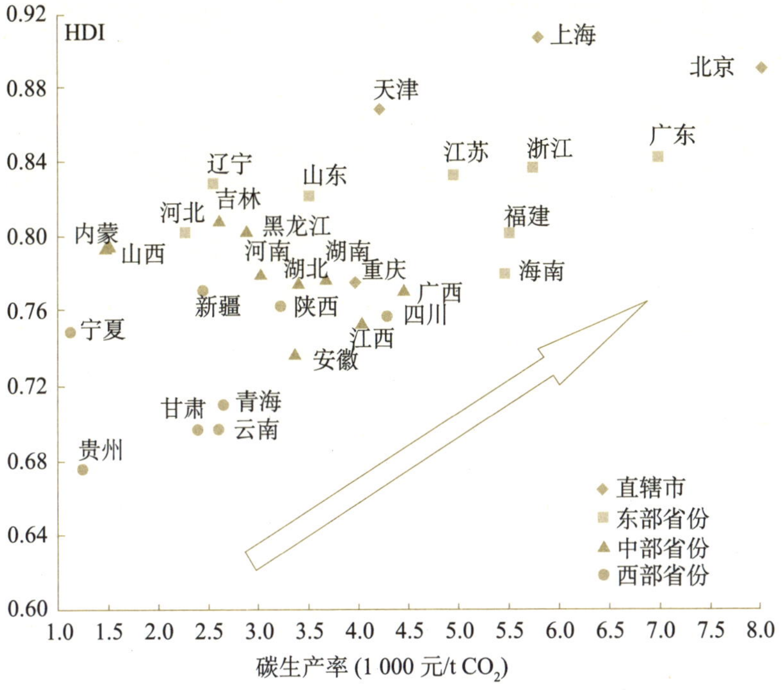

图6-4 中国各省份的碳生产率和人类发展指数分布（2007年）

资料来源：UNDP（2010）.

中国人口增长将在2030年前后达到峰值。即使人均碳排放量能够维持不变，人口的增加也会推高总排放量。中国要实现向低碳经济的转型，就必须改变投资和消费结构，让新的发展模式有更大的可持续性，更加节约资源。这项任务十分艰巨，因为中国仍然处于机械制造、钢铁、材料加工和化工等重化产业的快速发展阶段，能源集中型产业的比重仍在上升。加之中国还处于快速城市化的进程中，这使得大量的基建投资必不可少。这些情况都给政策调整提出了严峻的考验。此外，在未来的一段时间内，中国储量丰富的煤炭仍将在能源结构中占主要地位。2007年，煤炭能源占中国总能源产量的69%。

加强社会能力的投入

中国2007—2008年度的《人类发展报告》强调，中国急切需要增加投入，为13亿多人口提供更好的社会服务，并且重新审视政府在社会服务提供中的角色。

如前文所提到的，虽然中国的人均社会性支出激增，但社会性支出的负担已经从政府转向家庭。其最终结果是居民必须保有更多的储蓄。消费占居民收入的比重从改革之前的66%降至2006年的50%。虽然近年来出口对经济的拉动作用效果显著，但中国需要转变未来的增长方式。全球经济失衡可能还会持续多年，加上世界对中国产品的需求减少以及气候变化，中国在经济刺激和大规模投资之外要有发展的新思路。这些问题将在后文有更加充分的讨论。

随着中国正加速成为世界的主要经济体，中国需要改革学校的教育方式，更加注重学生创造力的培养。中国教育领域已取得较大的进步，这在前一章中已有评述。概括起来说，到2007年，中国的九年义务教育已经覆盖了99%的人口。从2000年起，小学入学率稳定保持在99%以上，中学毛入学率从2000年的88.6%提高到2007年的

98%（中国教育部数据）。在 2007 年和 2008 年，中国先后免除了农村和城市义务教育的学杂费。

在医疗卫生方面，概括地说，中国在过去的 30 年中取得了令人钦佩的成就，这从人均预期寿命中可以看出来。中国的人均预期寿命从 1949 年以前的仅 35 岁提高到 2000 年的 73 岁，高于 67 岁的世界平均水平（WHO 2009）。孕产妇死亡率在近年来持续下降，从 2000 年的每万人 53 例减少到 2007 年的每 10 万人 36.6 例，比 2004 年发展中国家平均死亡率的 1/10 还要低（中国卫计委 2008）。尽管如此，正如第五章曾指出的，中国的总体医疗卫生部门尤其是基本医疗保障体系需要大幅的变革。在各省份之间、城乡之间和不同的收入群体之间，人民的健康水平有着较大的差距。贫困地区人民可获得的医疗服务极为有限，而且由环境问题所引发的健康问题也日益突出。

关键的问题在于政府应该在提供社会服务中发挥什么样的作用。一个日渐清晰的答案是政府应当在提供基本社会服务中承担主要责任。政府如今也清楚地意识到这一点以及上文所提到的问题，已经开始了相关的改革（Ho and Nielsen 2007）。

有理由对这一问题持乐观态度。中国的财政状况良好，不仅有 3.3 万亿美元的外汇储备，而且通胀率和政府债务水平都较低，税收收入占 GDP 的 20%以上。这些都使中国能够很好地采取更多的措施调整出口和内需之间的平衡，改善社会服务。中国创新政策和思维模式从而实现经济和社会可持续发展的时机已经成熟。气候变化的威胁也已迫在眉睫，中国要抓住机遇，把经济转型为有竞争力的低碳经济。重要的是，我们要记住，中国 60%的国际贸易是同亚洲国家展开的，中国也能够为本地区的复兴贡献力量。中国可以同其他国家互利共赢，中国也愿意抓住这些机会实现这一点。如果邻国都能繁荣发展，中国的长期持续发展的前景也更加稳固。

确实，中国能否普及高质量的社会服务不再是一个纯粹的国内问题。能够在这个方面取得进展不仅是中国进一步发展的前提条件，也是中国能否扩大国内消费的关键所在。中国内需的提振也事关世界经济能否在全球金融危机之后重新获得平衡。中国领导人也明确承认，中国的发展模式需要转变。

人口能决定国家的命运吗？

中国的人口控制对于人民生活水平的提高起到了重要作用，这一常识性的结论已无可辩驳。正如第一章曾提到的，据估计，中国的人口若没有采取生育限制的措施就会在21世纪初达到15亿以上。这一人口规模会带来巨大的资源压力，也自然不利于人民生活水平的提高。

几年前，一项针对中国和印度的比较研究（Srinivasan 2006）引发了广泛的注意。该研究认为，从长期来看印度的收入总量将会超越中国，因为印度将有更大批的年轻人进入劳动力市场。从有些方面来说，这种人口效应有其机械的一面。15～64岁之间的人群拥有劳动能力，当这一年龄段的人口比例提升时，受赡养人群同不受赡养人群之比就会下降。而且随着经济的发展，女性加入劳动人群的比例也会上升，这能使劳动力群体的规模更加壮大。此外，年龄的增加也会对储蓄率产生明显的影响——年轻人和老年人愿意消费，而中年人则更倾向于储蓄。年龄也能影响一个国家的人力资本，这一点虽然难以具体计算出来，但或许是最重要的，因为岁数的增加能够对“人们关于教育、家庭、退休和女性地位等问题的态度”产生深刻的影响（Bloom et al. 2003）。

这一人口红利被认为是东亚经济成功的重要原因，为东亚国家贡献了多达1/3的经济增长（Bloom and Williamson 1998）。

大多数工业国家曾受益于人口红利，但这一增长的动力源最终会随着人口转型的完结而消失。发达工业经济体的经历表明，这一增长动力源随后会被其他因素所替代，比如更充分的就业，还有随着医疗和教育水平的提升以及体制环境的改善而不断提高的生产率。

对于中国来说，当务之急是充分挖掘现有的人口潜力，提前应对正在迅速老龄化的社会可能带来的挑战。中国已经着手进行的一项工作是提高劳动力的参与率。目前，中国的就业水平和适龄工作人口比例都说明中国的人口红利仍在。劳动力的利用效率越高，在高储蓄率继续不变的情况下，人口红利就维持得越长。为了保证人口红利的延续，一项重要的改革是减少劳动力市场中仍然存在的体制障碍，尤其是对农民工的限制。根据目前的预测[①]，老龄人口会在之后的几十年中持续增加，建立可持续的养老金体系将是未来改革的重点。虽然对于中国的决策者来说，促进就业仍然是一项优先任务，但随着人口的老龄化，建立养老金体系将会需要更多的政策关注。提高退休年龄将来可能会被纳入考虑范围。此外，降低老年人对社会养老金的依赖度也将成为政策目标之一。最后，或许现在是时候考虑调整中国目前的人口政策了，因为除了其他的手段之外，这更是防止中国人口快速老龄化的有效之策。

宏观经济政策

> 从创立资本市场到建立覆盖全国的社会保障体系，西方花费了几个世纪才结束的工作在中国几十年内就完成了。
>
> ——霍尔兹（2008）

① See World Population Prospects：The 2008 Revision Population Database.

中国、世界经济以及后伦敦世界秩序 在伦敦G20峰会召开一年半以后，中国经济显示出强劲的复苏势头，同时印度、巴西等其他主要发展中国家的复苏进程也快于预期。G20峰会真的起到作用了吗？虽然G20在其实现低碳发展和帮助发展中世界的承诺上未及预期，但全球经济，尤其是发达国家确实从1万亿美元的刺激计划中尝到了甜头。从中期来看，世界也受益于国际货币基金组织和世界银行的改革，以及各国对于加强金融市场监管的一致承诺。

在G20峰会召开期间及前后，中国都积极地推动世界各国就未来全球金融的新架构展开对话。就在峰会召开数天前的2009年3月23日，中国人民银行行长呼吁“创造一种与主权国家脱钩，并能保持币值长期稳定的国际储备货币”（Zhou 2009）。在G20峰会上，中国呼吁开展全球合作并承诺为国际货币基金组织注资400亿美元。中国还重申了其应当增强国际货币基金组织和世界银行的全球代表性的主张。

虽然中国拥有3万亿多美元的外汇储备，但是要实现自己的国际经济主张，还需要采取有效的政策以推进经济的全面发展，促进经济结构的平衡，并成为推动亚洲和世界经济发展的积极影响力量。

找到内需和出口之间的平衡 出口占中国GDP的1/3。近来中国出口和贸易顺差的急剧扩大让人感觉中国的发展是靠出口拉动的，这种增长难以持续。然而凯德尔（Keidel 2008）说，恰恰相反，国内因素才是过去数年里中国增长更加重要的驱动力。他基于对基本事实的详细分析，得出结论认为投资和消费结构的转型是推动中国增长的主要力量，贸易顺差只是次要因素。

继2008年中国增长放缓以及2008年底中国出口严重下滑之后，有人开始呼吁中国调整出口拉动的增长模式，转而着力刺激内需。一篇联合国亚洲及太平洋经济社会委员会（UNESCAP）的论文倡议采取出口拉动的发展策略的国家“推进市场和产品的多元化，努力实现内需和出口之间的稳固平衡”。中国的经济学家们也有着同样的建议。清华大学金融系主任及中国人民银行货币政策委员会委员李稻葵认为，中国的经济结构正处于转型期，经济的重心将逐渐从出口转向内需（《中国日报》 2009）。为了说明这一点，他指出“中国中西部地区的经济增长对出口的依赖度较小，这些地区（2009年）第一季度的增长速度高于沿海地区，这反映出内需和投资的强力拉动作用”（同上）。在国家政策层面，温家宝2009年也指出，我们要把调整经济结构作为主攻方向，更加注重以内需，特别是最终消费拉动经济增长（新华社 2009）。

在所有阻碍经济调整的因素中，人民币的低估受到了最多的批评和关注，这一问题将在下文详细讨论。戈德斯坦和拉迪（Goldstein and Lardy 2009）以及克鲁格曼（Krugman 2010）等观察人士都认为，中国持续压低人民币汇率使中国政府难以实现自己减少对投资需求和外部需求的依赖并维持经济增长的目标。

中国的决策者们也越来越多地认识到，增加对社会服务的投入和建立完善的社会保障体系对于让个人和家庭放心地消费十分关键，有利于降低储蓄率、促进居民消费（ADB 2010）。同样，也必须看到，转型不可能一蹴而就。正如商务部前部长陈德铭所说，“开拓国内消费市场是十分缓慢和有限的……所以稳定地发展外需，实际上也是为经济转型争取时间和空间，外需可以加快中国企业和百姓积累财富的进程，也可以为国内社保等政策的完善提供充足的资金。这些都是转型必需的物质基础”（经济观察网 2009）。

人民币汇率太高了吗？ 另一个人们激辩的话题是外界所指责的低估人民币的问题。关于人民币重新估值之辩，有几个问题值得讨论：第一，人民币的储值功能；第二，人民币的升值可能对中国经济产生的影响；第三，中国外汇政策对世界经济的影响。

蒙代尔（Mundell 2005，2009）曾多次提到固定汇率的好处，即固定汇率能使特定货币发挥其储值功能，从而有助于保持全球贸易体系的稳定。他认为，汇率的基本职能是促进不同国家之间商品和服务的交换。美元对人民币汇率的大起大落对中国有可能的伤害作用，也会给中美贸易带来不确定性，更方便投机者从中获利。鉴于此，蒙代尔反对人民币在1994年初的贬值，也不赞成近年来人民币的升值。

第二个问题事关中国不断扩大的外汇储备以及人民币的被低估。值得重申的是，中国的外汇储备虽然根据2012年初的统计已经高达3.3万亿美元，但中国拥有大规模外汇储备量的时间较短。外汇储备的规模从2003年以后才快速攀升，其原因主要是国内因素。人民币汇率在其中发挥的作用微乎其微。2003年，在“非典”爆发的冲击下，政府放松了货币政策，为经济注入了大量流动性。这种刺激很快使住房和食品产生了通胀压力。因此，政府又收紧了信贷，抑制投资。2003年全年，进出口大致平衡。到2004年中，国内的紧缩性政策使进口下降，贸易盈余开始出现。有趣的是，在2009年，相似的一幕再次发生。全球金融危机致使国外需求骤降，中国的出口量剧减。全球危机的损伤作用也让进口量暴跌，企业因为金融危机不得不缩减进口额。实际的结果则是中国的对外贸易仍然保持顺差，外汇储备继续增加。

目前的世界金融危机当然不是从中国发端的。任何单个的央行若没有多方的支持和协调一致的行动都不可能成功地完成保持进出口国家的贸易平衡的任务。2008年的伦敦G20峰会是各国协同行动的一次尝试。联合国贸易和发展会议（UNCTAD 2010）认为，绝对固定的汇率和完全自由的汇率都不是最佳的状态。该机构也指出，这些“角点解”（corner solution）只能增加市场的动荡和不确定性，加剧全球的经济失衡。另外，从 2005 年年中到 2008 年年中，人民币对美元升值了 22%，但中国的外贸盈余继续迅速扩大，美国的贸易地位也没有很大的提升，这一基本事实很难解释得通。对于这一情况，蒙代尔的观点同美联储主席艾伦·格林斯潘（Alan Greenspan）和其同胞、诺贝尔经济学奖得主斯蒂芬·斯蒂格利茨等其他著名经济学家相似。他们认为，虽然人民币升值可以让中国商品在美国卖得更贵，但美国消费者会转而购买其他低成本国家的进口商品作为替代。在这种情况下，美国对中国的贸易逆差可能会缩小，但美国的总体贸易逆差不会改变。

中国的决策者们也很清楚，人民币的大幅升值可能会给国内经济造成不利的影响。据罗德里克（Rodrik 2009）的估算，“人民币若升值 25%——这是目前人民币大致被低估的幅度——中国的经济增长速度会下降超过 2 个百分点”。他进一步指出，加入世贸组织限制了中国产业政策，使中国无法通过关税或国内含量条件（domestic content requirement）来促进具体产业的发展，这使得中国放开人民币汇率的政策选项没有太大的政治余地。还有一种观点认为，中国自世纪之交起生产率的提高开始加速，同汇率相比，这才是中国产品国际竞争力背后更加关键的因素（Bottelier and Fosler 2007）。

达成经济复苏和稳定的主要目标需要更加广阔的全球视野。实现世界经济稳定和均衡也需要多边的解决方案。若没有一个总体性的方案，仅靠人民币汇率的变动是无济于事的。正如迈克尔·斯宾塞（Spence 2010）在《金融时报》中撰文指出的，“西方执着于人民币汇率问题是错误的”。

2009—2010：增长率和财政刺激 极为重要的一点是，经济的大幅降速会使中国的经济增长率低于8%的门槛。有人认为中国领导层将维持8%的增速作为避免出现社会动荡的必要条件。2012年3月，中国在全国人民代表大会上正式将这一门槛调至7.5%。8%的数字究竟出自哪里无人知晓，但很多专家相信中国社会和政体能够承受远比8%更低的增速。然而，即使不考虑经济增速放缓的政治影响，如果中国这个世界上最强劲的消除贫困的引擎出现了显著的动力不足的情况，也实在会令人扼腕叹息。

中国政府在宣布2009年的增长目标为8%之后，出台了两年期5 870亿美元的经济刺激计划，关于这一刺激规模是否足够的讨论一直不绝于耳。在经济情况出现剧变之后，这一刺激计划本身就异同寻常。正如中国观察人士诺顿所言（Naughton 2009），“中国2008年经济情况的变化速度之快、幅度之大，为世界经济史所罕有”。不过政府的反应速度也相当快。2008年6月，出于对通货膨胀的担忧，央行在10天内两次上调商业银行的存款准备金率，目的是抑制货币的过快增长。到了10月底，经济政策方向又有了一个大回转，政府在11月5日宣布推出4万亿人民币的刺激方案。

不像在其他国家中那样政府对危机的发展速度和严重性猝不及防，中国政府对已然出现的金融风暴有足够的警惕，并早在2008年就决定积极地放松货币政策。

> 最初政府仍在周旋权衡，既要缓冲经济的下落，又要防止依然较高的通货膨胀率继续盘踞在经济中。随着2008年下半年通胀率的回落，对于通胀的担忧开始消退，货币政策进入宽松模式，政府开始放松信贷管制，下调利率和存款准备金率。政府还出台了支持房地产业发展的政策，免除利息收入的税收，提高多

种产品的出口退税率。(Arora 2009)

总出口额从2010年5月的1 310亿美元下降到2009年2月的650亿美元，减少了一半多。在2009年的前几个月，房地产业相较于前一年几乎是零增长。尽管出现了这些困难，中国经济仍然在增长，并且外界一致认为中国经济在可预见的未来还会继续增长。然而问题在于经济刺激计划能否在短期内提振消费、促进就业并完成8%的经济增长目标？同时能否为更加均衡的消费拉动型而非出口拉动型增长打下基础？

关于经济刺激，传统上有三点主张：刺激计划的规模是越大越好，刺激计划的构成包括减税或财政支出，刺激计划的直接程度是消费者越快花掉越好。就中国而言，刺激计划能否鼓励居民消费并解决居民对于社保和养老金体系缺乏信心的问题十分关键。从目前可收集到的信息来看，中国刺激计划的规模大致相当于2008年GDP的4%～5%，刺激手段只包括财政支出。根据报道，70%的刺激资金来自地方政府及国有银行贷款，其余的资金则由中央政府支付。

• 刺激计划多用于政府的传统支出领域，其中约63%用于交通基础设施建设和地震灾后重建，10%用于建设低收入人群的保障住房——这些开支是政府一直就在酝酿的。

• 在促进消费方面，刺激计划有4%用于医疗、教育和文化服务，5%用于为农村家庭购买摩托车和家用电器以及更换废旧车辆、添置轻型卡车和小型客车等提供补贴（形式包括补贴券等），补贴范围还包括农民购买的重要生产资料，如谷物、汽油、有色金属和特种钢制品等。

总的来说，刺激计划收效显著。这部分是因为中国政府可以运用一系列的财政、货币和行政手段来引导经济，这些手段是其他更倚重传统宏观经济政策工具的政府所无法拥有的。实际上，很多发达国家也在试图延伸政策工具的触角，从而可以影响信贷水平，激活贷款的使用。在刺激计划的激励下，投资和消费支出都开始增长，汽车销售量有所提升。银行贷款大幅增加，总贷款额从 2008 年 12 月的 7 720 亿元增加到 2009 年 1 月的 16 620 亿元。甚至能源消费量也有所增长。

图 6－5 展示了金融危机对 GDP 增长率的冲击，GDP 增长率在 2008 年第四季度和 2009 年第一季度分别跌至 6.8%和 6.1%。在经济刺激计划的作用下，GDP 增长率开始反弹，2009 年第二季度回升到 7.9%，到 2009 年第四季度又攀升至 10.7%，2009 年全年的增长率达到 8.7%，超过了政府年初设定的 8%的目标。

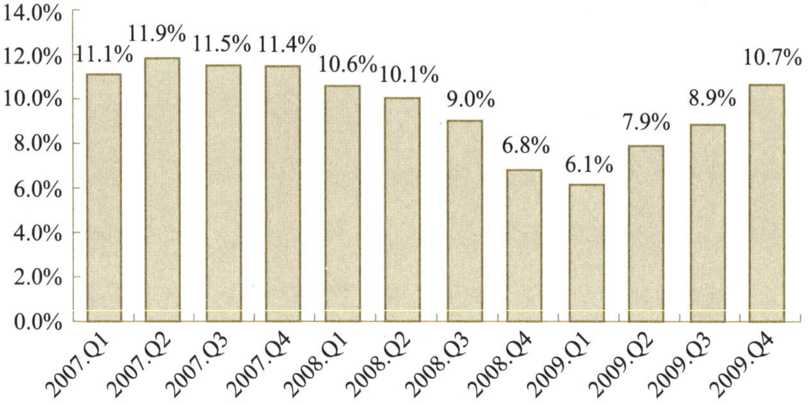

图 6－5　GDP 与去年同期相比的增长率

资料来源：National Bureau of Statistics（2010）.

尽管总体的通胀水平持续较低，但越来越多的人开始担心资产泡沫可能会出现，尤其是房地产泡沫。基于这些担忧，中国人民银行已经几次提高了存款准备金率，比如，在 2010 年的 1 月和 2 月，中国的存款准备金率高达 16.5%，这一水平要高于其他的主要经济体，如欧元区是2%，印度是5.75%，美国是10%。

中央政府的总体财务状况也令人放心。尽管推出了大规模的财政刺激计划，政府的财政赤字同GDP的比率仍然很低。在同其他大的经济体尤其是发达经济体相比较时，这一比率并不算高。不过高盛集团也指出（Batson 2010），可能还有20%的政府债务未能在银行的贷款登记簿上显示出来，因为银行的大部分贷款是贷给国企或地方政府的。

在同其他大的经济体相比时，中央政府的财务状况良好：尽管受刺激计划支出的影响，政府赤字为多年来最高，但仍可控，仅为GDP的2.2%。而西方主要国家的赤字水平都远高于中国（见图6-6）。

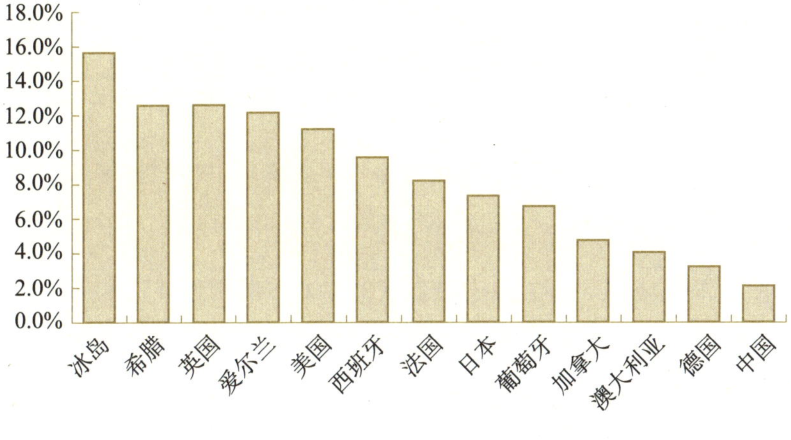

图6-6 政府赤字占GDP的比重

资料来源：OECD（2009）.

货币量的增长可能会增加通胀压力，出现资产泡沫的风险，但也有助于确保中国经济不会在金融危机的冲击下陷入恶性循环。其他旨在促进住房和汽车市场需求的政策举动也被证明是奏效的。

然而中国的危机管理并非是故事的全部，因为它无法解释为什么其他国家采取了更加强力的措施但也没能带来同样的快速经济复苏，以及为何中国政府似乎同其他国家政府相比有着更大的政策操作空间。中国能够成功的另一个原因是，在危机发生之前中国的预算实际上处于盈余状态，政府债务占 GDP 的比重远低于其他任何主要经济体，这给了中国决策者足够的空间来增加开支，应对危机。此外，在雷曼兄弟公司破产之时，中国银行系统中的不良贷款水平很低，这允许中国的决策者在解决危机时可以适度地提高银行的不良贷款率。

从另一方面来说，中国的刺激计划也面临着两个主要问题：一是需要进一步明确在刺激计划中有多少资金是政府本应该支出的，还有多少是追加的、真正意义上的刺激性支出。二是刺激计划只安排了4%的资金用于医疗、教育和文化服务，还有 5%用于为农村家庭提供补贴，这些开支只能算是推进中国经济转型的第一步。还需要有更多的政策措施来推动中国经济从依赖出口转向以国内市场为重心。同样，也要增加对社会事业的投入力度。

此外，扩张性的财政和货币政策对于经济的中长期发展来说存在着隐患。中国的投资率一直在稳步上升，从 2008 年的 43%～45%提高到 2009 年底的 50%，其中最直接的原因是刺激方案带来的国有经济领域固定投资的增加。产能过剩和投资效率低下是中国经济学家一直在讨论的问题（Yu 2010）。中国的增量资本产出率不降反升，从1991—2003 年 4.1 的较高水平升至接近 6。与之相比，日本的增量资本产出率仅为 3 左右。也有批评指出，新的基础设施投资太过倾向于资金密集的形象工程。为交通量本就不大的六车道公路增加车道不大可能有助于实现经济的长远发展或收入差距的缩小。最后，还有一个问题是地方政府对于投资的过度热情可能会导致中国财政状况的恶化。大量的地方刺激资金来自在地方政府担保下借出的商业贷款。

★★★

从很多方面来说，中国正处于发展的十字路口上。中国社会的转型过程开始于1950年代和1960年代的毛泽东时代。在过去的30年里，社会转型在邓小平主导的改革之下逐渐深入。随着中国的发展水平不断向发达国家靠拢，这一转型过程也将持续。在此期间，中国也得以重拾其在世界中应有的地位。中国如今有13亿多人口，预计到2030年会增加至15亿（Liu and Diamond 2005），中国人也在成为全球经济和世界共同体中的活跃分子。其中一个表现是中国海外旅游人数的激增。据世界旅游组织（UNWTO）的统计，中国的海外游客到2020年会每年增加1亿人。中国人正快速成为“世界面孔”。旅游以及中国在海外的其他经济活动都意味着中国人作为游客和投资者不仅在发达国家中身影频现，也同样出现在非洲、亚洲和拉丁美洲。中国人的征程到如今还远未结束。

所有权、社会能力和政策，这三驾驱动中国发展的马车会持续塑造着中国的未来。如何驾驭这三大问题将不仅决定着中国的发展前景，也决定着中国发展道路的平顺与否。站在这一十字路口，中国需要像之前一样掀起新的改革大潮，实现体制的革新与升级。经济的快速增长、贫富差距的扩大以及社会服务的投入不足，都对中国的社会凝聚力（社会资本）和未来的持续发展构成了严峻的挑战。社会能力也需要不断地巩固，这要求中国大力推进改革，增加在医疗、教育和社会保障等领域的投入。未来的经济和社会对于人才智力的要求同过去相比也不可同日而语。为了满足未来的需求，中国尤其应当调整财政支持的着力点，让所有城乡居民都能均等地获得高质量的社会服务。至少，中国应当保证地方政府能够获得中央政府充分的财政支持以履行自己的职责。许多人也指出，金融服务业自身也应该努力向中国民众提供更好的金融服务。同时，还需要深入发展资本市场，从而确保人们的储蓄能够流向高收益的投资渠道。农民对于其土地（他们的主要财产）的权利特别需要受到更加有力的保护。也应该放松管制，允许农民在特定的限制条件下进行土地权的交易。设定限制条件十分重要，因为鉴于中国巨大的规模，中国任何的改革举动都可能会引发全球性的余震，也可能会对中国自身的粮食安全造成影响。

上文的这几点都充分表明，在中国推进实现现代化和下一阶段的改革进程中，需要重新调整或是直接废除在之前的发展中曾颇有成效的做法。比如，很多中国经济学家认为，要实现未来的经济持续增长，需要减少阻碍市场高效运行的因素，如对劳动力向城市流动的限制。另外，政府也应当变得更加透明，对其要服务的民众更加负责。中国的政策已经转向了正确的轨道（如小康社会建设、社会主义新农村建设等等），现在的问题是如何进一步完善这些政策并确保它们的有效执行。

中国的经济和社会规模实在是过于庞大和复杂，要实现简单直接的管理是不可能的，因此必须强化“法治”，让“先见成效再推广”的政策制定程序成为常态。这也是胡锦涛在 2002 年提出“科学发展观”的主要目的。此外，在中国和其他地区都有充分的证据表明，过去“先污染后治理”的发展道路既不明智也不高效，中国必须走环境可持续型发展道路。为了应对这些新的挑战，也需要对政府结构进行改组和升级，因为民众对于政府的透明度和问题响应能力有了更高的期待。

在今后的数年中，国内关于中国离“社会主义市场经济”的既定目标还有多远的争论有可能会激化。一位具有代表性的中国经济学家、中国（海南）改革发展研究院院长迟福林认为，中国的社会主义市场经济建设还有很多欠缺，其中一个主要方面是需要强化社会平等。在他看来，中国的未来取决于新一轮的全面改革，各项改革发展方针都应当把人民的需要和渴望放在第一位（《中国日报》 2010）。他也指出，虽然对外开放给中国人带来巨大的好处，但说中国采取的是出口驱动型的发展模式并不准确，因为“净”出口对中国经济总体增长的直接贡献十分有限。虽然如此，中国对于全球化的接纳还是增强了国内产品在国际市场的竞争性，提高了生产率，增加了国内消费者的福利，也使全球的消费者受惠。

实现小康社会的发展愿景是现在中国的首要任务。为此，中央政府必须要发挥更加突出和强劲的作用。比如，中央应当清晰划定政府在为全民提供基本医疗保障中的作用，这可能在很大程度上决定医疗卫生改革的进程。例如，中国现在面临着的一项历史性任务是建立并铺开统一的基本社会保障体系。这一任务异常艰巨，因为社会保障体系改革在西方国家花了大半个世纪才完成。2006 年，中国宣布将实现社会保险对国民的全覆盖[①]。自那时起，社会保险体系改革走上了快速发展的轨道，社会保险实现对大部分中国国民的覆盖只需数年而非数十年便可完成。

中国领导人曾抱着令人钦佩的务实精神和勇气引领了中国艰难的开放和转型进程，现在他们需要有同样的精神和勇气来迎接下一阶段的重大挑战，以实现中国的持续发展和快速现代化，并使中国社会更加平等且充满关爱。

参考文献

Alon, T., G. Hale, and J. Santos. 2010. *What is China's Capital Seeking in a Global Environment.* FRBSF Economic Letter, 9.

Arora, V. 2009. 'The Global Financial Crisis and China's Situation—The Steps Ahead', *China Money Monthly*, 1: 16–23.

Asian Development Bank. 2007. *Key Indicators* 2007. Asian Development Bank.

———. 2010. *Asian Development Outlook 2010: Macroeconomic Management*

① 2006 年 10 月 11 日，胡锦涛主席在北京召开的中共十六届六中全会上宣布这一目标。

beyond the Crisis. Available at http://www.adb.org/documents/books/ado/2010/default.asp, accessed on 4 July 2010.

Batson, A. 2010. 'China's Vanishing Fiscal Stimulus—China Real Time Report—WSJ'. Available at http://blogs.wsj.com/chinarealtime/2010/02/08/chinas-vanishing-fiscal-stimulus/tab/article/, accessed on 5 May 2010.

Bloom, D.E., D. Canning, and J. Sevilla. 2003. 'The Demographic Dividend: A New Perspective on the Economic Consequences of Population Change', Paper 8808, Rand Corporation, Santa Monica, CA.

Bloom, D.E. and J.G. Williamson. 1998. 'Demographic Transitions and Economic Miracles in Emerging Asia', *The World Bank Economic Review*, 12(3): 419–55.

Bottelier, P. and G. Fosler. 2007. 'Can China's Growth Trajectory Be Sustained?', Working Paper Series 6/07, The Conference Board.

[9] Announced by President Hu Jintao during the Sixth Plenum of the 16th CPC Central Committee in Beijing on 11 October 2006. See http://english.gov.cn/2006-10/11/content_410337.htm.

Brandt, L., T. Rawski, and X. Zhu. 2007. 'International Dimensions of China's Long Boom: Trends, Prospects and Implications', in W. Keller and T. Rawski (eds), *China's Rise and the Balance of Influence in Asia*, pp. 14–46. Pittsburgh: University of Pittsburgh Press.

Brown, L.R. 1995. *Who Will Feed China?: Wake-up Call for a Small Planet*. New York: W.W. Norton & Co.

Cai, F., A. Park, and Y. Zhao. 2008. 'The Chinese Labor Market in the Reform Era', in L. Brandt and T. Rawski (eds), *China's Great Economic Transformation*, pp. 167–214. Cambridge, Mass.: Cambridge University Press.

Chang, G.G. 2002. *The Coming Collapse of China*. New York: Random House Business.

China Daily. 2008. 'GDP Could Be 2.5 Times that of the US by 2030'. Available at http://www.chinadaily.com.cn/china/2008-05/03/content_6657813.htm, accessed on 2 June 2010.

———. 2009. 'China Sees Initial Results in Boosting Domestic Demand', 21 May.

———. 2010. 'Reforms Should Enhance Social Equality', 25 June.

Chinese Ministry of Education. 2009. *Statistical Bulletin on National Education Development 2008*. Available at http://www.fdi.gov.cn/pub/FDI_EN/Economy/Investment%20Environment/Macro-economic%20Indices/Human%20Resources/education%20conditions/default.htm, accessed on 1 July 2010.

Chinese Ministry of Foreign Affairs and the UN System in China. 2008. *China's Progress towards the Millennium Development Goals 2008 Report*, Available at http://www.un.org.cn/cms/p/resources/30/809/content.html.

Chinese Ministry of Health. 2008. 'Briefings on Health Development in China 2003–2007'. Chinese version available at http://www.moh.gov.cn/sofpro/cms/previewjspfile/mohbgt/cms_0000000000000000144_tpl.jsp?requestCode=27884&CategoryID=6690, accessed on 1 July 2010.

Chinese National Bureau of Statistics (NBS) Database. Available in Chinese at http://219.235.129.58/welcome.do, accessed on 5 July 2010.

Ding, Q., M.E. Akoorie, and K. Pavlovich. 2009. 'Going International: The Experience of Chinese Companies', *International Business Research*, 2(2): 148–52.

Elwell, C.K., Labonte, M., and W.M. Morrison. 2007. 'Is China a Threat to the US Economy?' CRS Report for Congress, Order Code RL 33604.

The Economic Observer Online. 2009. 'A Shift is Needed, But Not Overnight', 13 April.

Financial Times. 2010. 'The West is Wrong to Obsess about the Renminbi', 22 January.

Fogel, R.W. 2006. 'Why China is Likely to Achieve Its Growth Objectives', NBER Working Paper.

Garnaut, R., L. Song, and Y. Yao. 2006. 'Impact and Significance of State-owned Enterprise Restructuring in China', *The China Journal*, 55: 35–63.

Goldstein, M. and N.R. Lardy. 2009. *The Future of China's Exchange Rate Policy*, Policy Analyses in International Economics 87, Peterson Institute for International Economics.

Greenpeace and Oxfam. 2009. 'Climate Change and Poverty, China Case Study'. Available at http://www.greenpeace.org/usa/assets/binaries/poverty-and-climate-change, accessed on 17 March 2010.

He, J. and L. Kuijs. 2007. 'Rebalancing China's Economy—Modeling a Policy Package', World Bank China Research Paper 7.

He, J., S. Li, and S. Polaski. 2007. 'China's Economic Prospects, 2006–2020', Carnegie Paper 30, Carnegie Endowment, Washington DC.

Ho, M.S. and C.P. Nielsen. 2007. *Clearing the Air: The Health and Economic Damages of Air Pollution in China*. MIT Press.

Holz, C.A. 2005. 'China's Economic Growth 1978–2025: What We Know Today about China's Economic Growth Tomorrow', Paper provided by EconWPA in its series Development and Comp Systems with number 0507001.

———. 2008. 'China's Economic Growth 1978–2025: What We Know Today about China's Economic Growth Tomorrow', *World Development*, 36(10): 1665–91.

IMF International Financial Statistics. Available at http://www.imfstatistics.org/imf/, accessed on 2 June 2010.

Keidel, A. 1995. *China Regional Disparities*. Washington DC: World Bank.

———. 2008. *The Global Financial Crisis: Lessons for the United States and China*. Washington DC: Endowment for International Peace.

Krugman, P. 2010. 'China's Swan Song', *New York Times*. Available at http://krugman.blogs.nytimes.com/2010/03/11/chinas-swan-song/, accessed on 1 July 2010.

Landler, M. and K. Bradsher. 2005. 'VW to Build Hybrid Minivan with Chinese', *New York Times*. Available at http://query.nytimes.com/gst/fullpage.html?res=9C0DEFDD1331F93AA3575AC0A9639C8B63&sec=&spon=&pagewanted=all, accessed on 4 July 2010.

Lardy, N. 2007. 'China's Economy: Problems and Prospects', FPRI. Available at http://www.fpri.org/footnotes/124.200702.lardy.chinaseconomy.html, accessed on 3 July 2010.

Li, F. 2005. 'Youthful Mobility', *China Business Weekly*, 19–25 September.

Li, X. 2010. 'Reforms Should Enhance Social Equality', *China Daily*. Available at http://www.chinahttp://www.chinadaily.com.cn/bizchina/2010-06/25/content_10018815.htm, accessed on 5 July 2010.

Liu, J. and J. Diamond. 2005. 'China's Environment in a Globalizing World', *Nature*, 435(7046): 1179–86.

Lum, T. 2006. 'Social Unrest in China', Congressional Research Service (CRS) Reports and Issue Briefs, 19.

Maddison, A. 2007. *Chinese Economic Performance in the Long Run*. Paris: OECD Publishing.

Mundell, R. 2005. 'China Should Keep Currency Peg', *China Daily*, lecture organized by the Chinese University of Hong Kong, with speech published by the *China Daily*, (Agencies) Updated: 2005-06-03 20: 14.

———. 2009. 'The World Economy: Quo Vadis?', *Journal of Policy Modeling*, 31(4): 493–7.

Naughton, B. (2009). 'The Scramble to Maintain Growth', *China Leadership Monitor*, No. 27.

OECD (Organisation for Economic Co-operation and Development). 2009. *OECD Economic Outlook*, No. 86. Paris: OECD.

People's Daily. 2009. 'China's Urbanization Rate Expected to Reach 48 per cent in 2010', 22 December. Available at http://english.peopledaily.com.cn/90001/90778/90862/6848826.html.

Perkins, D.H. 2006. 'China's Recent Economic Performance and Future Prospects', *Asian Economic Policy Review*, 1(1): 15–40.

Prasad, E.S. 2007. 'Is the Chinese Growth Miracle Built to Last?', SSRN eLibrary. Available at http://papers.ssrn.com/sol3/papers.cfm?abstract_id=1012561, accessed on 3 July 2010.

Reuters. 2010. 'Rise in the Yuan Would Be a Disaster for Labor-intensive Chinese Exporters', 18 March.

Srinivasan, T.N. 2006. 'China, India and the World Economy', *Economic and Political Weekly*, 41(34): 3716–27.

Tseng, W. and H. Zebregs. 2002. 'FDI in China: Lessons for Other Countries', IMF Policy Discussion Paper 02/3, International Monetary Fund, Washington DC.

UN (United Nations). 2008. *The Millennium Development Goals Report 2008*. New York: United Nations Publications.

UNCTAD (United Nations Conference on Trade and Development). 2004. 'South–South Investment Flows: A Potential for Developing Country Governments to Tap for Supply Capacity Building', background paper prepared for the UNCTAD Secretariat, New York.

———. 2010. 'Global Monetary Chaos: Systemic Failures Need Bold Multilateral Responses', *UNCTAD Policy Briefs*, No. 12.

UNDP (United Nations Development Program) China. 2008. *China Human Development Report 2007/08*. Beijing: China Translation & Publishing Corporation.

———. 2010. *China Human Development Report 2009/2010*. Beijing: China Translation & Publishing Corporation.

UNESCAP (United Nations Economic and Social Commission for Asia and the Pacific). 2009. 'Developing Coherent and Consistent Policies for Trade and Investment', Note by the Secretariat.

USDA (US Department of Agriculture). International Macroeconomic Data Set. Available at http://www.ers.usda.gov/Data/Macroeconomics/, accessed on 4 July 2010.

Wang, X., G. Fan, and P. Liu. 2007. 'Pattern and Sustainability of China's Economic Growth towards 2020', in *ACESA 2007 Conference: China's Conformity to the WTO: Progress and Challenges*.

Wolf, M. 2005. 'Why is China Growing So Slowly?', *Foreign Policy*, 146: 50–1.

World Bank. 2009. *From Poor Areas to Poor People: China's Evolving Poverty Reduction Agenda: An Assessment of Poverty and Inequality in China*. Available at http://web.worldbank.org/WBSITE/EXTERNAL/PROJECTS/0,,contentMDK:22131856~pagePK:41367~piPK:279616~theSitePK:40941,00.html, accessed on 4 July 2010.

World Bank Development Indicators. Available at http://data.worldbank.org/indicator, accessed on 4 July 2010.

World Health Organization. 2009. *World Health Statistics 2009*. Available at http://www.who.int/whosis/whostat/2009/en/index.html, accessed on 4 July 2010.

Xinhua News Agency. 2008. 'China Will Overtake U.S. in Year 2030 as World's Largest Economy'. Available at http://news.xinhuanet.com/fortune/2008-02/21/content_7639853.htm, accessed in June2010.

———. 2009. 'China to Attach More Importance to Domestic Demand for Economic Growth: Premier', 10 September.

Yu, Y. 2010. 'China's Response to the Global Financial Crisis', East Asia Forum. Available at http://www.eastasiaforum.org/2010/01/24/chinas-response-to-the-global-financial-crisis/, accessed on 5 July 2010.

Zhou, Xiaochuan. 2009. 'Reform the International Monetary System', Speech by the Governor of the People's Bank of China, 23 March.

“认识中国·了解中国”书系

中国智慧：十八大以来中国外交（中文版、英文版） 金灿荣
中国治理：东方大国的复兴之道（中文版、英文版） 燕继荣
中国声音：国际热点问题透视（中文版、英文版） 中国国际问题研究院
大国的责任（中文版、英文版） 金灿荣
中国的未来（中文版、英文版） 金灿荣
中国的抉择（中文版、英文版） 李景治
中国之路（中文版、英文版） 程天权
中国人的价值观（中文版、英文版） 宇文利
中国共产党就是这样成功的（中文版、英文版） 杨凤城
中国经济发展的轨迹 贺耀敏
当代中国人权保障 常 健
当代中国农村 孔祥智
教育与未来——中国教育改革之路（中文版、英文版） 周光礼 周 详
当代中国教育 顾明远
全球治理的中国担当 靳诺 等
中国道路能为世界贡献什么（中文版、英文版、俄文版、法文版、日文版） 韩庆祥 黄相怀
时代大潮和中国共产党（中文版、英文版、法文版、日文版） 李君如
社会主义核心价值观与中国文化国际传播 韩 震
我眼中的中韩关系 ［韩］金胜一
中国人的理想与信仰（中文版、英文版） 宇文利
改革开放与当代中国智库 朱旭峰
当代中国政治（中文版、英文版） 许耀桐
当代中国社会：基本制度和日常生活（中文版、英文版） 李路路 石磊 等

国际关注·中国声音（中文版、英文版） 本书编写组
中国大视野 2——国际热点问题透视 中国国际问题研究院
中国大视野——国际热点问题透视 中国国际问题研究所
中国新时代（中文版、英文版） 辛向阳
构建人类命运共同体（修订版） 陈岳 蒲俜
新时代中国声音 中国国际问题研究院
中国生态文明新时代 张云飞
当代中国扶贫（中文版、英文版） 汪三贵
当代中国行政改革 麻宝斌 郝瑞琪
当代中国文化的魅力 金元浦
城镇化进程中的中国伦理变迁 姚新中 王水涣
数字解读中国：中国发展坐标与发展成就（中文版、英文版） 贺耀敏
中国改革和中国共产党 李君如
中国经济：持续释放大国的优势和潜力 张占斌
对话中国（中文版、英文版） 本书编写组
中国的持续快速增长之道 ［巴基］马和励

图书在版编目（CIP）数据

中国的持续快速增长之道/（巴基）马和励著；黄贺，邵帅译．-- 北京：中国人民大学出版社，2019.10
（“认识中国・了解中国”书系）
“十三五”国家重点出版物出版规划项目
ISBN 978-7-300-26590-2

Ⅰ.①中… Ⅱ.①马… ②黄… ③邵… Ⅲ.①中国经济一经济发展一研究 Ⅳ.①F124

中国版本图书馆 CIP 数据核字（2018）第 302057 号

“十三五”国家重点出版物出版规划项目
“认识中国・了解中国”书系
中国的持续快速增长之道
［巴基］马和励（Khalid Malik） 著
黄贺 邵帅 译
Zhongguo de Chixu Kuaisu Zengzhang zhi Dao

出版发行	中国人民大学出版社		
社　　址	北京中关村大街 31 号	**邮政编码**	100080
电　　话	010－62511242（总编室）		010－62511770（质管部）
	010－82501766（邮购部）		010－62514148（门市部）
	010－62515195（发行公司）		010－62515275（盗版举报）
网　　址	http：//www. crup. com. cn		
经　　销	新华书店		
印　　刷	涿州市星河印刷有限公司		
规　　格	160 mm×235 mm 16 开本	**版　　次**	2019 年 10 月第 1 版
印　　张	14.5	**印　　次**	2019 年 10 月第 1 次印刷
字　　数	169 000	**定　　价**	48.00 元